KB199929

아낌없이
신실하게

아낌없이 신실하게

지은이 | 김사무엘
엮은이 | 김영숙
2쇄발행 | 2014. 2. 22.
등록번호 | 제3-203호
등록된 곳 | 서울특별시 용산구 서빙고로65길 38 두란노빌딩
발행처 | 사단법인 두란노서원
영업부 | 2078-3333 FAX | 080-749-3705
출판부 | 2078-3444

책값은 뒤표지에 있습니다.
ISBN 978-89-531-2012-9 03230

독자의 의견을 기다립니다.
tpress@duranno.com   http://www.duranno.com

두란노서원은 바울 사도가 3차 전도 여행 때 에베소에서 성령 받은 제자들을 따로 세워 하나님의 말씀으로 양육
하던 장소입니다. 사도행전 19장 8 - 20절의 정신에 따라 첫째 목회자를 돕는 사역과 평신도를 훈련시키는 사역,
둘째 세계선교(TIM)와 문서선교(단행본·잡지) 사역, 셋째 예수문화 및 경배와 찬양 사역, 그리고 가정·상담 사역 등을 감
당하고 있습니다. 1980년 12월 22일에 창립된 두란노서원은 주님 오실 때까지 이 사역들을 계속할 것입니다.

아낌없이
신실하게

김사무엘 지음
김영숙 엮음

두란노

하늘나라로 이사 간
내 사랑하는 친구 고 하용조 목사님은 자신에게
고 김사무엘 선교사님만큼 선교에
큰 감동과 영향을 준 사람은 없었다고
말한 적이 있습니다.
지금쯤 하 목사님과 김사무엘 선교사님은 주님 앞에서
신바람 나게 선교 이야기를 하고 있을 것이라고 믿습니다.
조용하지만 확신에 찬 김사무엘 목사님의 눈빛만으로도
우리는 열방을 향한 그의 가슴을 느끼곤 했습니다.
하용조 목사님 생애의 마지막에 불꽃처럼
일본 땅을 누비던 '러브소나타' 행진의 영감의 원천도
김사무엘 선교사님이셨습니다. 그러나 지금까지 우리는
김사무엘 선교사님의 내면 이야기를 경청할 여유가
없었습니다.

이제 우리는 이 책으로

그가 날마다 생각한 과제들과 씨름한 문제들,

아니 그가 추구한 가치와

기도 제목들을 접하면서

그를 붙들고 있던 진정한 선교의

영성을 발견합니다.

순전한 믿음으로 죽기까지 충성한 그의 영성이야말로

한국 교회 또 하나의

선교 유산이 될 줄로 확신합니다.

아낌없이 신실하게, 십자가의 복음을 품고,

날마다 기도로 땅끝까지 나아간 그의 흔적이

한국 교회 순례의 목표가 되어 주기를

기도합니다.

선교의 동역자, 이동원_지구촌교회 원로 목사

7

김사무엘 선교사님이
하나님의 부르심을 받은 지
벌써 10년이 흘렀습니다.
세월은 흘렀지만 김 선교사님이
남기신 발자취는 더욱 깊어집니다.
그분의 선교에 대한 헌신은
지금도 열매 맺고 있으며,
그 열매는 그분에 대한 기억을 새롭게 해 줍니다.
「아낌없이 신실하게」는
바울처럼 영혼을 향한
애끓는 마음과 고통을 원하셨던
김 선교사님의 선교 열정을 전해 주는 귀한 책입니다.

예수님을 만나신 뒤

가장 바쁘게 쓰임 받는 종이 되기를 원하셨고,

하나님의 부르심 앞에 순수한 믿음으로 헌신한

김 선교사님의 생생한 고백이 담긴 이 책을 통해

주님을 믿는다는 것이 무엇인지,

주님을 위해 사는 것이

얼마나 귀하고 값진 것인지

깊은 감동과 도전을 받을 수 있습니다.

하나님과 김 선교사님과의 깊은 친밀함이

어떻게 선교의 열매로 나타났는지도 보여 줍니다.

이 책을 통해 우리 모두에게도

헌신의 축복이 나타날 수 있기를 소망합니다.

이재훈_온누리교회 담임 목사

김사무엘 선교사님의 영성 일기가
출판된 것을
저는 무척 기쁘게 생각합니다.
히브리서 13장 7절에 너희를 인도하던 자들을 생각하며
"그들의 행실의 결말을 주의하여 보고
그들의 믿음을 본받으라"고 권면합니다.
이 책에는 자신의 삶을 하나님께 헌물로 쏟아 바친
한 사람의 삶 속에 섬세하게 역사하신 하나님의 손길이
기록되어 있습니다.
기도, 묵상 그리고 하나님의 말씀을 연구함은
김사무엘 선교사님의 중요한 삶 중 하나였습니다.
하나님과 친밀하게 소통하며
그분을 더욱 알기 원했던 김사무엘 선교사님의 갈망을 보며
이 책을 읽는 각 사람의 마음에
그리스도를 향한 신선한 헌신이 깨어나길 기도합니다.

1700년도에 북아메리카 인디언들을 상대로
개척 선교를 했던 데이비드 브레이너드(David Brainerd,
1718~1747)의 일기가 전 세계 여러 세대의 그리스도인에게
큰 영향을 주었던 것처럼 이 책도 새 시대의 신앙인들을
일으켜 중보와 선교로 불을 지피리라 믿습니다.
그리스도와 교제하면서 김사무엘 선교사님께서
경험하셨던 능력은 온 맘 다해 그리스도를 따르며 그분께
자신의 삶을 내어 드리는 누구든지 경험할 수 있습니다.
김사무엘 선교사님은 선한 싸움을 다 싸우고
달려갈 길을 마쳤으며 믿음도 지키셨습니다.
그분의 믿음과 헌신을 우리도 본받아
하나님이 우리 앞에 제시하신 경주를
인내로 잘 마칠수 있기를 기원합니다.

단 셰이퍼(Don Schaeffer)_일본 얼라이언스 선교부, 필드 디렉터

contents

나의 간절한 기대와 소망을 따라

아무 일에든지 부끄러워하지 아니하고

지금도 전과 같이 온전히 담대하여 살든지 죽든지

내 몸에서 그리스도가 존귀하게 되게 하려 하나니

이는 내게 사는 것이 그리스도니

죽는 것도 유익함이라(빌 1:20-21).

당신의 뒤를 따르겠습니다

김사무엘 선교사님,

그분은 예수님처럼 아름답고 감동적인 삶을 사셨습니다.

그분은 능력도 뛰어나고 성격도 강직하셨습니다.

늦은 나이에 예수님을 만나 성령 세례를 받자마자

바로 주변을 정리한 후 37세 때 신학교에 입학하셨습니다.

대부분의 사람들은 신학교 졸업 후 목회를 시작하지만

그분은 졸업하던 날, 하나님께서 주신 '7개 일본

교회 개척'이란 비전에 순종하여 곧바로 선교지로

뛰어드셨습니다.

이제 와서 깨달은 것이지만, 온누리교회의 'Acts29'는 그분이 먼저 시작하셨습니다.

일본으로 달려간 그분은 시부야 교회를 세웠고,

그 교회를 중심으로 7개 교회를 개척하셨습니다.

제가 시부야 교회에 초청을 받아 갔을 때,

일본 현지인 150여 명이 모여 경배와 찬양을 했습니다.

한국인을 포함하면 모두 250명 정도 모였습니다.

이 정도면 일본에서는 굉장히 큰 목회를 하셨던 것입니다.

그런데 김 선교사님은 저에게 하나님께서 일본 사역을 접고

북한으로 들어갈 것을 명령하셨다고 고백했습니다.

그래서 저는 "그럼 우리 교회로 오십시오.

선교사님께서 저희를 대신해

북한, 중국으로 가십시오"라고 권면했습니다.

그분은 뒤도 돌아보지 않고 일본을 떠나

온누리교회 선교팀을 이끌고 북한으로, 중국으로 다니며

선교 지경을 넓혀 나가셨습니다.

이라크 전쟁이 끝난 직후, 선교사님께서 저를 찾아오셨을

때를 기억합니다.

"목사님, 하나님께서 저에게 이라크로 갈 것을

명령하셨습니다. 보내 주십시오."

그분은 청년들과 팀이 되어 이라크로 떠나셨고, 곧 NGO를
구성해 활동을 시작하셨습니다.
당시 이라크는 빈발하는 테러로 한국 대사관에서 교민들에게
모든 활동을 중단하고 안전한 곳으로 피신하라고
지시를 내린 상태였습니다.
선교사님은 이라크로 들어간 지 한 달 만에
허리에 통증을 느끼고 귀국하셨습니다.
정밀 검사 결과 혈액암으로 판명되었습니다.
워싱턴 소재 조지타운 대학병원 2차 정밀 검사에서도
결과가 같아 곧 수술에 들어갔습니다.
그분은 골수 이식 수술을 받은 후 두 달 만에
하나님의 나라로 가셨습니다.
저는 고인을 추억하면서 예수님을 믿는 것이
무엇인지에 대해 다시 한번 생각합니다.
9년 동안 김사무엘 선교사님은 안식년에도 아랑곳하지 않고
생명을 걸고 계속 일하셨습니다.
그분은 복음 외에는 아무 관심이 없었습니다.
어린아이와 같이 순전하셨습니다.
주님의 일이라면 무조건 뛰어드신 그분은 하나님의 사람,
순종하는 사람이셨습니다.

그분의 순교는 'Acts29' 비전을 꽃피우는
밑거름이 되리라 믿습니다.
그런 믿음으로 온누리 성도는 그분을 소중히 가슴에 품고
'2천/1만 비전(2천 명의 선교사와 1만 명의 전문인 사역자를 파송한다는
온누리교회의 선교 비전)'을 꽃피우기 위해 헌신할 것입니다.
그분을 좇아 금 면류관을 바라며 죽기까지 충성할 것입니다.

고(故) 하용조 목사(온누리교회)
온누리신문 477호(2004. 2. 29)

죽는 것도 유익함이라

제 남편의 이름은 김사무엘, 선교사입니다.
그는 주님을 모르는 가정에서 5남매의 장남으로 자라
오직 인생의 성공만을 목표로 전진하던 사람이었습니다.
서울에서 행복한 신혼생활을 지내던 우리 부부는
돈을 많이 벌겠다는 목표 하나만을 바라보고
아는 사람 하나 없는 미국으로 이민을 갔습니다.
우리에게 있어서 인생의 기준은
무엇이 옳고 그른가가 아니라
무엇이 우리에게 "이익이 되고 손해가 될 것인가"였습니다.
그런데 이민 5년 만인 1977년,

남편의 나이 서른다섯에 예수님을 구주로 영접하는 사건이
벌어졌습니다. 어떤 이익과도 비교할 수 없는
하나님 나라의 유산을 상속받게 된 것입니다.
구원의 감격으로 날마다 하나님께 찬양과 감사를 드리던
그에게 어느 날 운전 중에 주님의 음성이 들려왔습니다.
"네가 나에게 감사하고 있구나. 그런데 나는 일본의 1억이
넘는 영혼들에게 다가갈 사람을 찾고 있단다!"
남편은 갑작스러운 하나님의 부르심에 "예"라고 대답했고
신학을 공부했습니다. 그리고 1983년 C&MA 교단으로부터
일본 선교사로 파송 받았습니다.
도쿄에서 시부야 교회를 시작으로, 요시카와 복음교회,
이치카와 복음교회, 센겐다이 교회, 나리타 복음교회,
야치요 복음교회, 기후 얼라이언스 교회 등을
개척했습니다.
늦은 나이에 헌신한 만큼 그 누구보다 성실하게 일하는
일꾼이 되었습니다.
1993년에서 1995년까지는 중국 선교사로
언어 훈련과 교회 리더십 훈련을 담당했고,
1995년 7월부터 온누리교회에서 선교총괄목사로
사역했습니다.

2003년 9월, 남편은 전쟁의 상처로 고통 받던 땅,
이라크로 향했습니다.
떠나기 전 팀원들과 여행자 보험을 들면서
"만약 우리 중 누군가 사고를 당해 보험금을 받게 되면
그 돈으로 선교사 100명을 다시 파송하자"고
했다는 이야기가 동료 선교사들에게
잔잔한 감동을 불러일으키기도 했습니다.
그해 10월 이라크 한인연합교회를 세워
이라크 한인들과 현지인들을 돌보기 시작했습니다.
이라크에서 개척 사역을 하던 중 허리 통증을 느끼고
한국으로 돌아와 검사를 받았는데 검사 결과 혈액암이라는
판정을 받았습니다. 미국에서 수술을 받았지만
남편은 회복되지 못했습니다.
마지막 병상에서도 남편은 바그다드를 지키시는
하나님의 모습을 환상으로 자주 보며 선교지로 돌아가고
싶어 했지만 결국 하늘나라로 떠나고 말았습니다.
생전의 소망이었던 "살든지 죽든지 내 몸에서 그리스도가
존귀하게 되게 하려 하나니 이는 내게 사는 것이 그리스도니
죽는 것도 유익함이라"(빌 1:20~21)는 성경 말씀대로 죽음의
유익을 증거하며 하늘나라로 갔습니다.

아내로서 저는 잠시도 쉬지 않으려는 남편을 좀 더 말리면서
건강을 챙겨 드려야 했던 것이 아닌가 하는 죄책감이
마음속에 오래도록 남아 있습니다.

그리고 '쓸모 있는' 그를 왜 그렇게 훌쩍 먼저 데려가셨는지
아직도 하나님의 뜻을 이해하기 힘든 면도 있습니다.

남편의 투병과 죽음은 저와 가족 모두에게 견디기 힘든
일이었기 때문입니다. 그러나 슬픔 속에서도 남편을 알고
추모하는 많은 사람들 그리고 하나님의 모병관인 남편을
통해 세워진 허다한 일꾼들을 보면서 선교의 열매의
풍성함에 놀랄 따름입니다.

2014년 2월 21일, 남편이 빈자리를 남기고
천국으로 떠난 지 10주기를 맞습니다.

이번에 새 책을 엮게 된 것은 김사무엘이라는 한 사람을
추억하기 위해서만은 아닙니다. 남편과 나, 우리 자녀들,
그리고 교회를 통해 나타난 하나님의 역사를 다시 한번
되새기고 선포하고 싶어서입니다.

남편은 매일 큐티하는 것에 대해서만큼은 자기 자신과
가족들 그리고 제자들에게 엄격했습니다.

이 책은 남편의 말씀 묵상 글과 틈틈이 기록한 기도 제목과
단상들, 그리고 그의 칼럼집 「살아계신 하나님」과

8년 전에 제가 쓴 「왕의 초대」(두란노, 2006)의 일부 글을
편집하여 엮은 것입니다.
이 책에 담긴 그의 고백과 간증들을 통해
구원받은 자의 삶, 소명자의 삶이 얼마나 귀한 것인지
독자들이 자신의 위치에서 도전받기를 바랍니다.
이 책이 나오기까지 많은 이들의 도움과 수고가 있었습니다.
남편의 10주기를 맞이해 책 출간을 권해 주신
온누리교회 이재훈 담임 목사님을 비롯해
이천선교의 목사님들, BEE 사역자님들과
일본어예배팀에 감사드립니다.

2014년 2월, 김영숙 선교사

1. 믿음으로 아낌없이

사람 냄새
버리고
오직
주만
따릅니다

◇◇◇◇◇

아버지께서 나에게 물으신다.

"너의 삶에서 하고 싶은 일이 무엇이냐?

내 안에서 네가 가진 포부는 무엇이냐?"

내가 아버지께 답한다.

"첫째, 하나님의 사랑을 알지 못하는 일본으로 가서

복음을 전하고 싶습니다.

둘째, 만주의 300만 한인을 찾아가 복음을 전하고 싶습니다.

셋째, 조용히 제자들을 키우는 그리스도의 종,

그러나 가장 바쁘게 쓰임 받는 종이 되기를 원합니다."

1984년 8월, 묵상

1983년 9월, 일본으로 파송되어 올 때
주님께서는 첫 임기 안에 교회 셋을 개척하도록
분명한 목표와 부담을 주셨다.
이 말씀이 얼마나 확실했던지 여인이 아이를 잉태한 것처럼
세 교회를 내 신앙의 배에 품고 일본 땅을 밟았다.
교회를 어디에서 시작할지 알지 못하던 1983년 가을의
그날들이 지금도 선명하게 기억난다. 도쿄와 오사카를
다니면서 눈에 보이는 것도 없고 손에 잡히는 것도 없었으나,
열 달이 다 차서 분만할 곳을 찾아간 임신부처럼
교회 탄생에 대한 확신으로 넘쳐 있었기 때문이다.
지구상에서 가장 비싼 땅 중의 하나인 도쿄 중심가에
성도 1,000명의 교회를 세우겠다는 비전과 열정이
나로 하여금 한없이 기도하게 했고, "믿는 자에게는 능히
하지 못할 일이 없느니라"(막 9:23)고 하신 주님의 말씀으로
활활 타오르게 했다.
내가 불가능에 도전할 수 있었던 근거는
"교회 셋을 세우라"고 하신 하나님의 말씀이었다.
"대저 하나님의 모든 말씀은 능하지 못하심이 없느니라"(눅

1:37)고 하신 말씀 그대로 나는 전능하신 하나님의 약속을
그대로 믿고 의심하지 않았으며, 이미 얻은 줄로 알고
감사하면서 계속 앞으로 밀고 나갔다.

1983년 12월에 시부야 복음교회를,
1986년 6월에 요시카와 복음교회를,
1988년 6월에 이치카와 복음교회를 해산하고
그달 20일에 첫 임기를 마치고
안식년으로 미국으로 돌아갈 때의 보람과 기쁨은
이 세상의 그 무엇을 주고도 바꿀 수 없는 위대한 것이었다.
이 모든 일의 시작은 하나님이 주신 말씀,
즉 그분의 명령이었다. 믿음으로 활력이 넘치게 하고,
하나님의 약속을 액면 그대로 믿고 뛰게 하신 원동력은
개인적으로 하나님의 음성과 명령을 들은 데서 나왔다.
나는 우선 믿어야 했다.

> 아브람이 여호와를 믿으니 여호와께서 이를 그의 의로
> 여기시고(창 15:6).

"하늘을 우러러 뭇별을 셀 수 있나 보라 또 그에게 이르시되
네 자손이 이와 같으리라"(창 15:5)고 하신 축복의 말씀은

아브람의 나이 90세 때, 아직 아들이 없고
아내 사래의 경수가 끊겨 소망이 없을 때 주신 말씀이다.
그러나 아브람은 그 약속의 말씀을 믿었고,
하나님은 그런 그를 보고 의인이라 칭하셨다.
믿고 구한 것은 이미 얻은 줄로 알고 드리는 기도가
하나님의 기적을 낳게 한다.

의인의 간구는 역사하는 힘이 큼이니라(약 5:16).

칼럼집 「살아계신 하나님」에서

◇◇◇◇◇

푯대는 이미 섰다.

그 푯대를 향하여 온몸과 정성을 다하며

오직 앞만 보고 매진하는 것이 우리의 할 일이다.

하나님의 귀하신 사랑을 깨달은 후, 하나님께 이르기까지

육신이 지고 살아가야 할 행로가 있다.

이 행로는 어떤 때는 산을 넘어야 하고, 계곡을 거쳐야 하며,

무서운 짐승들이 들끓는 거친 들도 지나야만 한다.

이 모든 어려움을 겪어야 최종 목적지에 이를 수 있다.

인생의 많은 괴로움과 사고와 아픔들이

하나님께로 인도하는,

그 문에 들어서기까지 필요한 과정이다.

1980년 4월, 묵상

◇◇◇◇◇

나의 십자가는 무엇인가?

십자가를 발견케 해 달라고 기도드리는 중에

복음을 전하는 것이 곧 나의 십자가임을 깨닫게 하셨다.

이 십자가를 지고 주님을 따르기 위해

날마다 나를 버리고 부인해야 한다. 복음을 전하는 일에

먼저 필요한 것은 나를 버리는 것이다.

내 뜻과 내 목소리를 버리는 것,

오직 주의 음성을 듣고 주의 뜻을 행하는 것이

복음 전하는 일에 첫째 조건이요, 십자가를 지는 일이다.

> 또 무리에게 이르시되 아무든지 나를 따라오려거든
>
> 자기를 부인하고 날마다 제 십자가를 지고 나를 따를
>
> 것이니라(눅 9:23).

1983년 10월, 묵상

33

> 이에 그들의 마음을 열어 성경을 깨닫게 하시고
>
> 또 이르시되 이같이 그리스도가 고난을 받고
>
> 제 삼일에 죽은 자 가운데서 살아날 것과
>
> 또 그의 이름으로 죄 사함을 받게 하는 회개가
>
> 예루살렘에서 시작하여 모든 족속에게 전파될 것이
>
> 기록되었으니 너희는 이 모든 일의 증인이라(눅 24:45~48).

예수께서 하늘에 오르시기 전 최종적으로 명하신 것은
제자들이 실제로 본 예수님, 그리고 구약에서 예언된
예수님을 증거 하는 증인이 되라는 것이었다.
증인은 법정에서 있는 그대로의 사실을 전하는 사람이다.
증인의 세 가지 요소는
하나님의 말씀을 깨달음으로 사실을 확신하고,
증인의 소명으로 파송을 받고,
성령의 능력으로 무장하는 것이다.
예수님의 증인이 되게 하시려고 교회와 우리 각자에게
성령이 임하신다(행1:8). 성령께서 우리의 입을 열어
구체적으로 하나님의 크신 일을,

정확하게 예수 그리스도의 복음을 전하게 하신다.
이 성령은 몇 사람에게만 임한 것이 아니요,
모든 사람에게 임하셨다. 전도는 은사가 아니다.
교회와 세상에서의 지위나 역할은 성령이 원하시는 대로
각 사람에게 다르게 나타날 수 있다.
그러나 증인의 사명, 복음을 전하는 전도의 사명은
은사가 아니요, 그리스도를 믿고 성령이 임한
모든 사람이 행해야 하는 명령이다.

1989년 12월

◇◇◇◇◇

식사량을 밥 반 공기와 채소, 두 끼니로 줄였더니
식물의 모든 맛이 지극하고
머리가 깨끗하여 책 읽는데 아주 밝게 깨달아진다.
육체의 움직임이 아주 가볍고 아픈 데가 없으며
생각에 여유가 있고 모든 일에 차분한 마음으로 대하게 된다.
권태와 같은 귀찮은 느낌 등이 전혀 없고
정신적으로 매우 건강함을 느낀다.
금식을 마친 후에도 이 식사량을 지키는 것이
나에게 알맞은 분량인 것 같다.

1980년 1월, 금식을 시작하며

◇◇◇◇◇

Y장로님의 주택 구입을 중개한 일로 피소를 당하고
복잡한 상황에 처했습니다.
주님, 나의 생각으로는
어떻게 일이 이렇게 진전되었는지 알 수가 없습니다.
그러나 가장 확실한 것은
하나님께서 모든 것을 주관하신다는 사실입니다.
하나님께서 하나님의 뜻대로 모든 상황을 주관하고 계시오니
하나님의 말씀대로 이루어질 것을 믿고 기다립니다.
사탄은 자꾸 앞으로 될 일과 걱정을 저에게 심어 주며
어둠 속으로 끌고 갑니다. 수시로 두려움을 갖게 합니다.
그럼에도 하나님께서 이 모든 것을 알고 계심이 그 얼마나
위안이며 든든한지요. 하나님께 감사합니다.
어떤 손해와 지장이 있더라도 하나님의 일꾼으로서
저의 책임을 다하며 하나님만 의지해서 살아가는
믿음의 본을 보이게 하소서.

1980년 3월, 기도

◇◇◇◇◇

지난 3년 동안, 가게 파는 일을 포함하여
모든 일에 있어서 오래 참지 못했습니다.
무슨 일만 있으면 주위 형제들에게 문제를 의논하고,
입을 열어 말로 일을 하고 일을 만들었습니다.
믿음의 자세로 굳게 참으며 기다리지 못하고
매사에 경거망동했던 저의 모습을 깨닫습니다.
주님, 저에게 오래 참음을 허락하여 주소서.
무슨 일이든 듣기는 쉬이 하고 말하기는 더디 하여
하나님께서 응답을 주실 때까지
죽는 한이 있더라도 참으며 기다리게 하소서.
앞으로의 일에 계획을 세우되 계획을 말하는 자가 아니라
행동하고 실천하는 자가 되기 원합니다.
말이 아닌 삶으로 행하며
묵묵히 오직 하나님을 의지하고 의논하며 살게 하소서.

1980년 4월, 기도

◇◇◇◇◇

그리스도의 종으로서

나는 먼저 거짓말하는 더러운 습관을 버리자.

혀를 제어하여 모든 문제가 있을 때마다

사람이 아닌 하나님께 고하자.

하나님의 시점에서 예면 "예"하고 아니면 "아니다"라고

강하고 담대하고 확실한 대답으로 살아가자.

우물쭈물 적당히 현재의 문제를 미봉하는 것도

거짓의 습관이다. 회개할 것은 하고 밝힐 것은 밝히고 "예"와

"아니오"를 믿음으로 분명히 해야 할 것이다.

비판하는 마음을 버리자.

나에게 맞지 않고 내 수하에 들어오지 않는 사람을

비판하고 판단하며 지내 온 잘못이 나에게 있다.

이것이 얼마나 큰 잘못인지를 깨닫고 회개한다.

나는 아니라고 하면서 늘 비판하는 자세를 취했다.

그랬기에 남을 헤아리는 헤아림으로

나도 헤아림을 받는 것이 당연하다.

사랑하자.

어느 누구도 나보다 더한 죄인이 없을 터이고

나보다 더 추한 인간이 있을 수 없기에
누구든지 나보다 낮게 여기며, 내가 섬기는 자가 되어야 한다.
내 눈에 차는 사람,
불쌍히 여길 만한 사람만 불쌍히 여기겠다고 하는 것이
얼마나 무서운 판단인가?
모두가 하나님이 귀히 쓰시고 귀하게 여기시는 영혼들이니
무조건 받아들이는 태도가 필요하다.

그들의 입장에서 듣고 이해하고 동고동락하는 종이 될 수
있도록, 주여, 나를 변화시켜 주소서.

1980년 4월, 묵상과 기도

아버지 하나님, 감사합니다.
내 영이 메말라 있음을 보시고 찾아오신 주님,
바람에 날리는 먼지 같은 인생임을 깨닫게 하신 주님,
감사합니다.
나의 모든 지식과 경험을 버리고
하나님께 간구하는 아들이 되게 하소서.
이 아들의 미련했던 죄를 용서하여 주시고,
이제는 온전히 주님을 위해서만,
주의 영광과 이름만을 드러내게 하소서.
주께 모든 것 의지하며 오직 주의 뜻과 영광을 위하여
시간 시간을 살아가도록 지켜 주소서.
내 생각을 그치고 주님만을 앞에 세우고 가오니
행여 내가 앞서려는 것은 생각조차 하지 않게 하소서.
내가 끊지 못한 죄와 핑계와 세상의 줄들을 회개합니다.
믿음을 주소서. 주신 말씀대로 믿고 행하는
하나님의 종으로 삼아 주소서.
게으르지 않게 하시고 날마다 나를 비워 그리스도의 형상을
채우며 때마다 주를 생각하고 감사하는 아들이 되게 하소서.

복 주시오니 감사합니다.

지혜의 신을 주시니 감사합니다.

성령 충만함을 주시니 감사합니다.

병 낫게 하시니 감사합니다.

예배, 모임, 대화마다 주님만을 세우고

살아 계신 하나님의 뜻이 당신의 영광을 위하여

나타나게 하소서.

성령의 은사를 주소서.

주를 위해 더욱 쓰이기 원합니다.

눈을 뜨게 하소서. 귀를 열어 주소서.

입을 열어 천국을 증거 하게 하소서.

예수님의 이름으로 기도합니다. 아멘.

1981년 1월, 기도

◇◇◇◇◇

외국어를 학교에서만 배우고 자신의 환경으로 돌아가서
일상생활에서 활용하지 않는다면
아무리 말을 배우고 단어를 외운다 해도
실생활과는 거리가 생기고 현지인과 밀착된 삶을 살 수 없다.
일본에 있는 한국의 선교사들을 봐도
일어를 잘하고 듣고 이해하지만 생활에서 적용하지 않기에
항상 외국인에 머물고 만다. 냄새와 맛, 품성, 움직임 등
현지인들의 생활 속에서 언어를, 아니 그들의 생활을
습득해야 한다. 하나의 테크닉으로서가 아닌 생명이 있는,
내용이 있는 언어로 배워야 하는 것이다.
주님의 말씀도 생활 속에 들어가서
말씀을 적용하고 전하고 살아야 열매가 있다.
학교는 원칙과 기본 원리를 배우는 곳일 뿐,
배운 것을 적용하고 활용하기 위해서
생활 속에 들어가야 한다. 저들의 삶 속으로 들어가
함께 먹고 자고 눕고 일어서며 함께 지내야 한다.
나는 과연 그럴 준비가 되어 있는가?

1983년 9월, 묵상

◇◇◇◇◇

3월인데도 눈과 비가 오더니 몹시 추운 날이다.
날씨 때문에 몇 명이나 모일까 하며
화요 성경 공부를 준비해서 나갔다.
의외로 14명이나 되는 성도가 모여 있었다.
그런데 준비해 간 내용이 전혀 전달이 안 되고
메시지를 전하는 데에도 불이 붙지 않았다.
억지로, 억지로 끝을 내는데
새로 등록한 일본인 남자 성도가 눈에 들어왔다.
순간 기가 눌린 듯 마음이 불편하고
종일 눌린 기분이 사라지지 않았다.
춥고 비 오는 날씨에도 말씀을 사모해서 모인
형제자매들에게 식은 음식을 대접한 것처럼
마음이 괴로웠다.

주님, 영적인 싸움에서 밀려나 담대함을 잃고 말았습니다.
외적인 모든 것을 무시하고 복음을 자신 있게 외치게 하소서.
천 명이 있든 만 명이 있든
사람을 보지 않게 하소서.

주님께서 마땅히 할 말을 주신다고 하셨사오니
주님이 주시는 말씀을 믿고 증거 하는 종이 되게 하소서.
성경 공부와 예배, 기도로 모일 때마다
기쁨으로 말씀을 전하게 하소서.
지금의 눌려 있는 마음을 벗어 버리고 더욱 간절하게,
더욱 기도하고, 더욱 충만하게 주님께서 채워 주소서!

1984년 3월, 기도

베이징의 한 교회에서 어느 목사님의 설교를 들었다.
연신 땀을 흘리며 전문적인 용어로 열심히 설교를 하셨는데,
예배를 마치고 성도들과 나눠 보니 다들 무슨 말인지
알아듣지 못했다고 한다.
그동안 위에서 아래를 내려다보는 자세로 말씀을 가르치며
혼자 열심히 했던 내 모습을 회개했다.
지금까지 내가 깨달았다고 신이 나서 설교를 했지만
과연 성도들이 얼마나 알아듣고 따라왔을까?
스스로 교만했던 어리석은 목회 자세를 깨달으며,
부족한 목자를 그저 따라와 주고 참아 준 시부야 복음교회
가족들에 대한 감사가 마음에서 우러나왔다.
이제 돌아가면 가르치는 입장이 아니라 그들의 입장에 서서
그들을 사랑하며 섬기는 목자가 되리라고
하나님께 고백했다.
교회에 돌아오자마자 임원회에서 그동안의 내 모습에 대한
회개와 새로운 자세를 밝혀야겠다. 매주 가르치는 설교만
했기에 피곤과 한계를 느꼈었다. 이제 돌아가면 전도사에게
설교를 맡기고 나는 선교 일에 더 매진해야겠다. 이토록

어리석고 못난 종의 마음을 주님께서 아시고 다른 목사님을
통해 깨달음을 주셨다. 내가 특별히 깨달은 것을 자랑 삼아,
인상 깊게 전하고자 설교를 하는 것이 아니라
저들의 입장을 헤아리고 저들의 아프고 필요한 곳을
채워 주는 설교와 목회를 하리라고 다시 한번 주님께
고백했다. 그러고 나자 놀랍게도 설교에 대한 부담감이
사라졌다.
나의 어조나 지식, 특별한 계시의 말씀으로 감동시키는 것이
아니라 저들을 그저 사랑하고 이해하고,
마음을 합하여 함께 은혜 받는 자세로 예배를 드려야겠다.

1989년 11월, 중국어학당에 체류할 때

◇◇◇◇◇

새벽에 기도하는 가운데
하나님 앞에 나의 거짓이 드러나게 하시니 감사합니다.
교회 안에서 성도들과 대화하는 중에도
어떤 것은 과장하고, 어떤 것은 깎아내리며
거짓된 표현을 할 때가 있습니다.
또 내가 먼저 생각하고
미리 준비했던 일이나 말이 아님에도 불구하고,
마치 그렇게 한 것처럼
이야기하고 행동하는 습관이 있습니다.
주님! 이 사람에게는 이렇게, 저 사람에게는 저렇게 말하며
혼란을 심어 주는 나의 모습을 회개합니다.
모든 일에 심사숙고하며
내가 주장할 것은 신중하게 관철해 나가게 하소서.
가볍게 선뜻 내놓고 이야기하는
가벼운 입이 되지 않게 하소서.
남의 잘못을 지적할 때에는,
사랑이 없이는 아예 입을 다물게 하소서.

그러므로 무엇이든지 남에게 대접을 받고자 하는 대로 너희도 남을 대접하라 이것이 율법이요 선지자니라(마 7:12).

1990년 1월, 기도

◇◇◇◇◇

목사가 설교하는 시간 외에는 무엇을 해야 할까?

설교 하나만으로 목사의 임무를 다했다고 할 수 있을까?

설교 말씀과 목사의 삶은 어떤 연관이 있을까?

목사에게 다른 일들은 얼마나 많을까?

목사는 첫째, 성도들을 위해 기도해야 한다.

둘째, 성도들을 심방하고 상담하고 격려해야 한다.

셋째, 교회의 사업을 운영해야 한다.

넷째, 교회 운영에 참여하는 이들을 감독하고 훈련해야 한다.

다섯째, 지교회를 지원하고 협력해야 한다.

지금까지는 설교가 전부인 양 생각하고 살았다.

설교를 준비하는 시간 외에도 설교에 대한 생각으로

가득했다. 그렇게 준비한 만큼 삶으로 살아야 한다.

성도와 교회 일에도 시간을 투자하고 노력을 기울여야 한다.

1990년 6월, 묵상

◇◇◇◇◇

"주님을 찬양합니다!"
나에게 사랑이 없음을 깊이 깨달았다.
목사는 교인을 부족한 그대로 존경하고,
귀중하게 여겨야 할 것이다.
만나는 사람마다 나보다 우월하게 여겨야 한다.
가시가 있는 목사가 되지 말아야지!
말씀을 증거 할 때 대화할 때처럼
주신 내용을 차분히 증거 해야지.
받은 것, 주신 것이 너무 많으니
사람을 감동시키고자 육을 동원하지 말아야지.
하나님께서 채워 주신 것을 믿고
그릇으로서의 사명을 감당해야겠다.

1990년 10월, 묵상

51

◇◇◇◇◇

며칠 동안 아내와의 긴장이 계속되고 있다.
내가 바라는 아내의 모습을 요구하며 권위를 세우고자 하는
것이 문제다. 그러니 아내는 아내대로 반발이 있을 수밖에….
오후에 우연히 영적 권위에 관한 책에 눈이 가서 한 쪽을
폈다. 영적 권위, 하나님께서 위임해 주신 권위를 어떻게 세울
것인가. 권위는 결코 스스로 세우는 것이 아니고 하나님께서
세우시는 것이다. 나는 다만 쓰임 받는 것일 뿐이다.

주님, 사람 냄새 나는 자가 되지 아니하고 하나님께 위임
받은 모습대로, 하나님의 권위를 나타내는 도구가 되게
하소서. 권위를 대행하는 자로서의 언행과 그 책임을 두렵고
떨림으로 깨닫게 하소서. 아내를 대할 때나 성도를 대할 때나
내 뜻이 아닌 하나님의 메시지를 전하는 도구로,
조심스럽게 하나님의 은혜를 나타내게 하소서.
주님! 감사합니다. 저를 부인하게 하소서. 멍에에 매인
종이오니 주께서 인도하시는 대로 따르게 하소서.

1984년 2월, 기도

◇◇◇◇◇

아프게, 아프게 찾아옵니다. 얼마나 아내를 괴롭혔던가!
내가 못돼서, 못나서 나의 부족한 것을
그녀에게 몰아붙이는 졸렬함으로 얼마나 상처를 입혔는가!
이런 줏대 없는 남편에게 시집와서 25년간을 참으며
살아오느라 얼마나 아팠으며, 얼마나 괴로웠을까!
마음이 아프지만 이제야 깨닫는다. 그런 수모를 당하면서도
그 작은 몸으로 오늘까지 참아 준 아내가
가슴이 떨리도록 고맙다. 그를 사랑하자.
이제부터는 아껴 주자!
그가 내 안에서 안심하고 깃을 내리고
편하게 쉴 수 있도록 사랑하자!

1994년 11월

53

◇◇◇◇◇

목회자 연합의 60명이 모임을 갖기 위해 최 형제를 통해
'양선간'이라는 식당에 예약을 했다. 미리 현장을 확인하러
갔더니 건물 1층에 있는 뷔페식 식당이다. "이곳이구나" 하고
정하고 돌아가려는데, 아내가 말하길 예약한 형제가 식당이
지하라고 했다며 직원에게 확인을 해 보자고 한다.
나는 1층에 있는 식당이 틀림없다며 그냥 나가자고 했으나
아내는 고집을 부리며 확인하라고 요구했다.
출구에 서서 자기주장을 거듭하는 아내가 밉고 괘씸해서
그냥 내 주장으로 우기고 나와 버렸다.
내가 현장을 확인했으니 그런 줄 알 것이지 왜 고집을
부리느냐고 화를 내니, 아내는 식당이 지하라고 했는데
1층에 있으니 확인을 하자는 것인데
그게 무엇이 잘못이냐고 굽히지 않는다.
문제 자체보다도 감정이 얽혀서 상하게 되었다.
저녁 6시 반에 약속한 인원들이 도착하고 1층의 식당으로
안내했더니, 종업원이 우리를 지하에 있는 연회장으로
인도한다. 양선간이라는 같은 이름이지만 단체가 모이는
연회장은 지하에 있었고, 그곳에 우리의 이름이 예약돼

있었다. 결국 아내가 옳았던 것이다.

지금까지 내 이런 태도로 실수를 저지른 것이

얼마나 많았으며, 내 억지로 아내와의 긴장을 가져온 일이

얼마나 많았을까?

1995년 10월, 베이징에서

살다 보면 작은 시험과 고난, 사사로운 일 하나하나에도
하나님의 큰 사랑과 섭리가 담겨 있다는 사실을 깨달을
때가 많다. 우리 부부가 구원을 체험하고 신앙을 키워 온
미국의 B교회에서 남편(김사무엘)이 전도사 직분을 겸하며
신학대학원을 다닐 때의 일이었다. 당시 나(김영숙)는 은행에
취직해 아이들 셋을 돌보며 살림을 꾸려 나가고 있었다.
어느 날 남편에게 심방 요청이 왔다. 아들이 하나 있는
부잣집 며느리인 P집사님이었다. 집사님이 우수와 걱정에
싸인 얼굴로 남편을 보며 말했다.
"전도사님, 큰일 났습니다. 제가 더 이상 애를 가질 수
없답니다. 둘째 애를 가져 보려고, 벌써 여러 해 동안
노력했는데, 의사의 검진 결과 오늘 불임이라는 판명이
났습니다. 이제 초등학교 1학년인 우리 아이가 형제도 없이
혼자 쓸쓸하게 자랄 것을 생각하니 너무 마음이 아픕니다."
남편은 그 말을 듣고 전도사로서 어떻게 위로해 주어야 할까
생각하고 있는데, 집사님이 잠시 머뭇거리더니 말을 이었다.
"전도사님, 아들이 세 명이시죠?"
"예, 셋입니다."

"전도사의 박봉에 아들 셋을 다 키우시기 힘들지 않으세요?"

"아닙니다. 하나님의 은혜로 세 아들이 다 잘 큽니다."

남편은 그 집사님이 무슨 말을 하고 싶어서 그런가 하고 의아해하면서 대답했다. 그러자 집사님이 주저하다가 물었다.

"전도사님, 큰아이 있지 않습니까? 그 아이를 우리 집에 양자로 주지 않으시겠습니까? 그러면 제가 그 아이를 훌륭하게 키워서, 미국에서 으뜸가는 일류 대학에 보내 공부도 시키고, 최고가 되도록 출세시키겠습니다."

순간, 마치 만화 영화에 나오는 장면처럼 남편의 귀와 코에서 뜨거운 김이 무럭무럭 솟아나는 것 같았다고 한다.

"당신은 애 셋을 키울 자격이 없으니 자식들 고생시키지 말고, 그중 하나를 우리 집에 보내 주면 대신 잘 키워 주겠다"는 말처럼 들린 것이다. 보통 사람이었다면 자리를 박차고 일어나 크게 화를 낼 일이었지만, 남편은 전도사 체면에 화를 내지는 못하고, 자리를 피할 변명거리를 찾았다.

"미안하지만 그 애는 제가 혼자 낳은 것이 아니라, 아내와 함께 맺은 사랑의 결실 아닙니까? 그러니 제가 아내에게 물어보고 답을 드리겠습니다."

남편은 이렇게 말한 뒤 집으로 돌아왔다. 왠지 모를 서글픔을 꾹 눌러 참고 집에 오니 아이들이 서로 신 나게 웃으며

뛰놀고 있었다. 그 모습을 보니 서러운 감정이 더욱 북받쳐
올랐다. P집사님의 눈에는 그저 가난한 전도사의 아이들로
보였을 자식들이 그렇게도 처량하고 불쌍할 수가 없었다.
그날 저녁에 퇴근해 돌아온 내게 남편이 물었다.
"여보, P집사님 댁에 큰아이를 양자로 줄까?"
나는 '아니, 갑자기 이이가 정신이 나갔나?' 하면서
어리둥절해하다가 사정을 알게 되고는 눈물이 핑 돌았다.
우리가 왜 이런 말까지 들으며 살아야 하는가?
나의 서럽고 분한 마음의 화살은 금방 남편에게 꽂혔다.
"꽝" 하고 애꿎은 방문을 닫고 들어오니
밖에서 남편이 아이들에게 밥을 챙겨 먹이느라
달그락거리는 소리가 났다. 아이들과 아빠가 함께 어울려
있는 모습이 떠올라 심정이 더 복잡해졌다.
귀를 꼭 틀어막고, 눈물로 기도하다 잠이 들었다.
밤새 몸을 뒤척이던 남편은 다음 날 아침 일찍
새벽기도회에 나가 강단에 무릎을 꿇고 앉았지만,
억울해서 기도가 나오질 않았다고 한다.
"하나님 이런 억울한 일을 당했습니다."
그러면서 한참을 하나님께 하소연했다.
그때 갑자기 음성이 들려왔다.

"너는 아들이 셋이나 있지 않느냐?
그 아들을 데려다 훌륭히 교육시키고 출세시켜 주겠다는데
무슨 말이 그렇게 많으냐?"
그는 그 목소리가 하나님의 음성인 것을 깨닫고는
깜짝 놀랐다.
"네…?"
설마 하나님이 그런 말씀을 하시리라고는 전혀 예상하지
못했기에 당황스럽기는 했지만,
가만히 듣고 보니 틀린 말은 아니었다.
"나는 아들이 하나밖에 없는데도 그 아들을
너를 위해 죽는 자리에 내주지 않았느냐?"
이 말을 듣자 남편은 순간 하나님의 마음을 깨달았다.
독생자 예수를 향한 하나님의 사랑과 또 우리를 향한
하나님 아버지의 사랑은 감히 우주의 그 무엇과도 비교할 수
없을 만큼 얼마나 크고 절대적인 것인가!
남편은 오랫동안 크나큰 감동으로 가슴이 벅차올라
주님께 엎드려 감사의 기도를 드렸다.

「왕의 초대」에서

||||||||||

일본에서 남편(김사무엘)과 나(김영숙)는 하나님 안에서
정말 많은 사람들과 교류했는데, 특별히 기억나는 사람은
타로와 노리다. 1983년 9월 일본에 막 도착했을 때, 어디에
교회를 개척해야 할지 막막하기만 하다가 오사카 지역의
예수전도단 숙소에서 하룻밤을 묵게 되었다.
다음 날 아침 식당에서 밥을 먹는데, 특별히 눈에 띄는
청년이 있었다. 그가 바로 타로다.
그는 나중에 우리가 시부야 복음교회를 개척할 때
찬양 인도자로 섬기며 우리와 무척 가까운 사이가 되었다.
노리와의 만남은 더욱 특별했다. 그녀는 미국에서 유학하던
중 그리스도인이 되어 성령 체험을 하게 되었다.
일본으로 귀국하여 교회를 다니면서
노리는 신앙 문제를 상담받기 원했지만
이상하게도 찾아가는 목사님마다 그녀를 냉대했다.
그래서 어찌할 바를 몰라 시부야의 요요기공원에서
고개를 떨군 채 혼자 중얼거리듯 기도했다.
"하나님, 당신을 믿고 싶은데 교회가 없어서 갈 수가
없습니다. 일본에서 그리스도인으로 사는 것이 이렇게

어려운 일입니까? 만약 오늘 제가 다닐 교회를
찾지 못한다면 다시는 교회에 가지 않겠습니다."
그러고 나서 얼굴을 들자 공원에서 팬터마임을 하면서
노방 전도를 하고 있는 사람들이 눈에 들어왔다.
시부야 복음교회에 머물며 전도 실습을 하고 있던
예수전도단이었다. 그녀는 그들을 따라 시부야 복음교회로
인도되었다. 예배 후 노리는 남편에게 신앙 상담을 요청했고
남편은 그녀를 기꺼이 받아 주었다.
이후 남편은 노리를 엄하게 훈련시키기 시작했다.
그녀가 엄격한 훈련을 힘에 부쳐 할 때마다
남편은 호통을 치곤 했다. 어떻게 해서든지
그녀를 영적으로 성장시키고 싶었기 때문이다.
그러던 어느 날, 타로와 노리가 결혼하겠다고 우리 부부를
찾아왔다. 처음에 우리는 그들의 결혼을 반대했다.
우선 그들은 집안이나 학력 등에서 너무 차이가 났다.
명문 대학 출신에 미국 유학까지 한 재원이었던 노리에 비해
타로는 고등학교만 졸업하고 일찍 예수전도단에서 훈련받아
전도 중심의 삶을 살고 있었다. 그러나 두 사람이 너무나도
간절하게 간청해서 결국 기도 끝에 그들의 결혼을 축복해
주기로 했다.

시간이 흘러 우리 부부는 일본을 떠나 중국으로 향했고,
타로와 노리 부부도 하와이로 이사했다.

하와이에서의 생활은 그들에게 녹록지 않았다.
19세에 선교사가 되어 세상일을 해 본 적이 없던 타로가
가장으로서 아내와 3개월 된 딸을 먹여 살려야 했다.
새벽 4시부터 밤늦도록 일했지만 세 식구가 한 달
먹고살기도 빠듯했다. 그러한 생활고와 막막한 미래는
부부 사이를 나빠지게 했다.

그즈음에 남편이 하와이 한인교회에 세미나 강사로 가게
되었다. 우리 부부는 오랜만에 타로 부부를 불러 맛있는
한국 음식을 사 주었다. 노리는 우리를 만난 기쁨보다
자신들의 상황에 대한 부끄러움이 더 컸는지 마음이 불편해
보였다. 모든 일에 엄했던 남편이 야단이라도 칠 줄 알았던
모양이다. 노리는 가시방석에 앉은 듯 좌불안석하며 자꾸만
우리의 눈을 피했다.

그날 저녁, 유모차를 밀면서 뒤따라오는 노리에게 남편이
살며시 다가갔다.

"노리, 인생을 즐기는 것을 배우렴."

그러자 그녀가 놀라서 눈을 동그랗게 떴다.
자신이 알고 있던 목사님에게서는 들을 수 없는,

상상할 수도 없는 말이었기 때문이다.

노리는 그때를 회고하며, 당시 남편이 해 준 말이
인생에 가장 힘이 되는 중요한 말이었다고 했다.

남편은 "주님을 따라가리라. 힘들어도 주님을 위해서"라며
어깨에 잔뜩 힘을 주고 사는 노리의 모습을
안쓰럽게 봤던 것 같다

4년 후, 그들 부부는 교회 개척을 위해 파송받아
도쿄로 돌아왔다. 그리고 개척 4년 만에 약 300여 명의
성도들이 출석하는 교회로 성장시켰다.

2003년 11월 중순, 장을 보기 위해 자전거를 타고 가던
노리의 눈앞에 갑자기 남편의 얼굴이 환상으로 나타났다고
한다. 평소에 영적 아버지로 여겼던 터라 그녀는 그리움이
북받쳐 전화를 걸었다. 그러나 그때는 이미 남편이
이라크에서 병마와 싸우고 있던 때였다.

노리가 나중에 내게 편지를 보냈는데, 마지막에 이렇게 썼다.
"자신에게는 죽고, 예수님에게만 사는 것이 진정한 삶입니다.
저도 목사님처럼, 죽기까지 그렇게 살겠습니다."
그가 노리에게 항상 했던 말이었다.

「왕의 초대」에서

1969년 약혼식 사진

기후 얼라이언스 교회에서
침례를 베푸는
김사무엘 선교사

도쿄에 있는
미국 남침례교회를
빌려서 시작한
시부야 복음교회에서

일본에서
두 번째로 개척한
요시카와 복음교회
앞에서

리복→ 많은들, 매체 사람들, 시기하는들이 곧내 대가 없이 죽어를
나는 세계 같아요. 그래도 세월에 따나 변해나가요.
이렇 신두 예수를 기뻐해 맞을 때마을, 유혹을 버려야
사랑을 — 이들이 곧내 의하나 흐르게 돼요.
정정하신 삶의 땅에서 그때들이 예수를 죽였다.
예수께 죽이 주는 것이었다. 사람의 삶으로는 예게 힘들어
저 사랑 흐른 그 흐름에 기대, 되려 사들은 그래 흐름이다.
형이 내를 흐렸다. 그나이 내를 흐렸다. 흐내에 내를
흐렸다.   그게 정말이 누래이는 흐내 같아 에서—
        내를 흐렸다.
        예를어 집에서 이는 내를 — 내를 해를
        흘내는 — 참으로 내 [ ]이다.

이러 내를 곧내 대가 흐으시고 죽는, 그들에 예수께는
흐임 누래에 엥 외요 들이다.—

그래 두나서 선들 → 이들이 모두 경악하고 이렇 말아요.
그들이 없이 그 Intention 이 전세주를 흐내가 짜나름
다는 흐얼래요. 바라 — 세계 사람들 아리하고
이땅 내라 十四 기까이 치르시고 정을 라내
들으른 가들었다. 그래 부활별 곧내.

유한한 인간이지만 무한한 사역을 감당합니다

인간을 불쌍히 여기는 하나님의 마음속에 선교가 탄생했다.
선교는 하나님의 이 마음에서부터 시작되는 것이다.

> 만군의 여호와께서 맹세하여 이르시되 내가 생각한 것이
> 반드시 되며 내가 경영한 것을 반드시 이루리라(사 14:24).

하나님께서 주신 비전을 가지고 사명을 받은 자가 선교사다.
그리고 그 사명은 하나님의 생각대로 하나님의 경영하심으로
이루어질 것이다. 이 얼마나 대단한 축복인가!
하나님께서 유한한 인간을 통하여 그분의 무한한 사역을
감당하게 하시는 사역이 선교다.
선교는 하나님의 승리를 선포하는 영적 전쟁이다.
오늘 이 시간에도 영적으로 속아 넘어가서 혼자 죄와의
싸움을 감당하며 고통 받는 30억 명의 사람들이 있다.
그들은 하나님께서 이미 이기셨다는
승리의 메시지를 들어야 한다. 듣지 못하니 어찌 믿겠으며,
믿지 못하니 어찌 그들이 구원을 받고 하나님의 은혜를
경험하겠는가!

이것이 온 세계를 향하여 정한 경영이며 이것이 열방을
향하여 편 손이라 하셨나니(사 14:26).

선교의 범위는 '온 세계'다. 온 세계를 향하여 정한 이 일에
하나님께서 우리를 사용하신다. 열방을 향하여 펴신 손으로
우리를 보내시며 인도하시며 구원의 역사를 친히 이루신다.

만군의 여호와께서 경영하셨은즉 누가 능히 그것을
폐하며 그의 손을 펴셨은즉 누가 능히 그것을 돌이키랴(사
14:27).

선교는 믿음의 헌신이다. 복음의 불모지를 향해 나아갈
때, 핍박과 위험이 있는 곳으로 보냄을 받을 때 우리에게
두려움이 있다. 하나님께서 구체적인 확신과 열매를 보여
주셔도 내가 과연 그 일을 할 수 있을까 주저하게 된다.
그러나 선교는 하나님의 작품이다. 하나님의 비전이다.
하나님께서 경영하시고 하나님께서 이루시는 일이다.

선교를 위해 내가 제안하는 다섯 가지는 이것이다.
첫째, 우리가 가야 한다. 말로 헌신한 자는 이제 행동으로

옮겨야 한다. 주님께 장래를 맡기고 한 걸음 나아갈 때
주님의 위대한 손길을 경험할 수 있다.

둘째, 고생을 각오해야 한다. 피와 땀이 있어야 한다.
이에 필요한 하나님의 공급은 내가 온전히 주를 의지할 때
나타난다.

셋째, 반드시 전략이 있어야 한다. 많이 공부하고
많이 준비하고 온 세계를 바라보면서 전략을 세우자.

넷째, 인내가 있어야 한다. 씨를 뿌렸으면 그 씨가 자라서
열매 맺을 때까지 인내해야 한다.

다섯째, 열매를 미리 얻은 것으로 알고 감사하자.
하나님의 열매에 기뻐하며 주님의 비전과 경영을 믿고
헌신하는 아름다운 제물이 되자.

1995년 7월, 선교 부흥 사경회에서

◇◇◇◇◇

주님, 금식을 시작합니다. 육신의 정욕과 안목의 정욕,
이생의 자랑 중에 특별히 먹는 일에 절제 없이 살아왔습니다.
이 몸을 훈련시켜 먹는 일에 힘을 쓰는 것이 아니라
주님 쓰시기에 필요한 육신을 유지하기 위하여
힘을 쓰게 하소서. 주님께서 쓰시도록 사는 인생임을
재확인하기 위하여 금식을 시작합니다.
금식한다고 드러눕지 않고
평상시와 똑같이 생활하면서 3일을 지낼 수 있도록
제 육신을 두드려 복종시키고자 합니다.
주님, 도와주소서! 훈련된 육신이 되기를 원합니다.
아름답게 3일의 금식을 끝낼 수 있게 하소서.
지난번처럼 한 끼 달랑 따서 먹어 버리는
어리석은 자가 되지 않도록 지켜 주소서.

1994년 3월 29일, 금식을 시작하며

◇◇◇◇◇

금식 3일째. 3일 동안 학교 공부를 계속하면서 금식했다.
별로 고통을 느끼지 않고 밤 9시까지 하고
3일 금식을 마쳤다.
도와주신 주님께 감사를 드린다.

금식을 시작했을 때의 목적처럼 먹는 데 치우치지 않고
주님 섬기는 데 힘을 쓰게 하소서.
3일 금식을 아름답게 마치게 하시니 감사합니다!

특별히 좀 더 열심히 공부할 수 있도록,
여름 세미나를 위한 준비가 필요하기에
이 일을 위하여 여가를 써야 할 것이다.

1994년 3월 31일, 금식을 마치며

혹시 여호와께서 나의 원통함을 감찰하시리니

오늘 그 저주 때문에 여호와께서 선으로 내게 갚아

주시리라(삼하 16:12).

중국의 '지식분자', 지식인들의 교만과 허세가 대단하다.

지식층의 사람들이 쌓은 지식으로 세상을 돕는 것이 아니라

자기 욕심을 채우느라 역겨운 만행을 저지르고 있으니

서민들의 미움을 사고 있다.

아는 것이 잘못이 아니라 지식이 교만의 원인이 되는 것이

문제다. 어깨에 힘을 주고 낮은 사람을 무시하며

자기 품위를 유지하는 데만 급급하다.

부한 것이 나쁜 것이 아니라 부유함으로 남을 얕보고

자기 속만 채우려고 하니 냄새가 난다.

이들을 무엇으로 고칠 것인가? 결국 복음밖에는 길이 없다.

복음으로만 자신을 버리고 낮아지는 은혜가 임한다.

나의 지식과 부함은 남을 돕는 수단이 될 때 선(善)이 된다.

지식과 부, 권력이 나를 높이고 남을 착취하는 수단이

되었기에 공산주의가 이를 파괴하고자 했으나
사상으로는 세상을 바꿀 수 없다.
사상이 아닌 복음이 이 땅에 들어와야 한다.
복음이 꿰뚫고 들어가야 사람이 변하고 사회가 변한다.
전 세계 어느 민족보다 힘껏 벌고 힘껏 모으는 중국 백성들,
이러한 수고보다 성경대로 사는 백성들의 출범이 필요하다.

1993년 4월, 묵상

◇◇◇◇◇

하나님이 주신 처음 믿을 때의 기쁨이
아직도 사라지지 않고 내 안에 살아 있다.
하나님이 주신 것은 영원히 변하지 않기에
내 안에 계속해서 남아 있다. 결코 변할 수가 없다.
변질되거나 없어질 수 없는 것이 하나님께서 주신 것이다.
처음 만난 구원의 그 기쁨이 조금도 변함없이
내 안에 살아 있음을 깨닫고 감사하고, 또 감사했다.
그러나 육의 생활, 죄에 얽매어 있다면 이 기쁨이
내 안에 있긴 있으나 느낄 수도 없을 것이다.

주님, 땅끝까지 낮아지게 하소서.
선 줄로 생각지 말고 온전히 위에서부터 내리는
능력을 받게 하소서.
게으르지 않게 하시고, 새벽기도 때마다 나를 비워
그리스도의 형상을 이루는 아들로 삼아 주소서.
시간, 시간마다 주를 생각하고 감사하는 아들이 되게 하소서!

1993년 5월, 기도

◇◇◇◇◇

나는 누구인가? 오직 하나님을 위한 도구일 뿐이다.

경배와찬양 집회 때 강사로 모신 R목사의 강의를 통역하면서

메시지가 별로 은혜롭지 못하다고 판단하는 나를 발견한다.

다시 깨우치시는 주님. 말하는 자의 내용이 무엇이든지

오직 통역하라고만 보내심을 받았으니

한 마디, 한 마디 정확하게 통역함이 나의 사명이다.

오직 주님을 위한 사역이다.

둘째로 깨닫게 하신 것은 사례에 대한 것이다.

강의를 하면서 적당한 사례를 돈으로 기대하는 마음이 있다.

대접받고 싶은 마음이 있다.

나는 무엇을 위해서 일하고 있는가? 돈을 위해서?

인정을 위해서? No. 주님이 나의 빛이요 나의 소망이며 나의

분깃이시니 나는 오직 주만 바라리라!

모든 일에 오직 주님만을 위하여, 그분만을 바라며,

그분을 섬기는 것이 곧 최고의 것이다.

1993년 7월, 묵상

◇◇◇◇◇

주일 오후부터 설사가 계속되고 있다. 육신으로 심히 약함을
느낀다. 아침을 굶은 탓인지 저녁까지는 상태가 좋았는데,
저녁을 먹고 잠자리에 누우니 다시 배가 살살 아프고 속이
부글부글 끓는다. 그리고 다시 설사가 시작됐다.
주님, 중국 사람들이 먹고 마시는 모든 것이 제 몸에도
아무 이상 없이 소화되고 양분이 될 수 있게 하소서.
중국의 찬물을 먹어도 배탈이 나지 않는 은혜를 내려 주소서.

저녁을 먹고 TV를 보며 세 시간을 낭비했다. 번역과 교정할
일이 산적해 있는데도 손을 못 대고 있는 나 자신을 돌이켜
보면서 좀 더 시간 사용을 절제할 필요성을 깨달았다.
다음 날 새벽, 엎드려 지난 일을 회개하고 고백할 때,
이를 용서해 주시는 주님의 은혜를 받았다. 그리고 설사와
육신의 약함과 심적인 나태함을 치료받았다. 또한 말씀의
은혜로 '중보기도'의 비밀을 깨달을 수 있었다.
Praise The Lord! 주님을 찬양하라!!

1993년 11월, 묵상

77

◇◇◇◇◇

미국 동부에서 어느 신부가 피소를 당했다.

지금은 파직하고 결혼까지 한 사람이지만

20년 전 신부로 재직할 당시 어린아이들을 성희롱했다고

한다. 20년이 지난 후 그때 희생을 당한 아이들이 성인이

되어 그를 고소한 것이다.

법정에서 진술하는 현장이 TV를 통해 방송되었다.

눈물을 흘리면서 참회한다.

용서와 관대한 처분을 호소하면서 이성적인 유혹을

이기지 못하니 감옥보다는 이 병을 고칠 수 있는 기관으로

보내 달라고 눈물로 호소한다. 눈물을 흘리며 호소하는

그의 모습은 악한 마귀의 유혹에 자기 몸을 내어 주어

그의 종이 되어 버린 처참한 모습이다.

마귀는 우리를 꾀어 거짓으로 유혹하며 자기 종을 삼은 후

이렇게도 처참한 종말로 우리를 이끈다.

결국 영원한 파멸에 이르게 하는 수작꾼이다.

육신의 욕구와 탐욕을 채우고자 하는 시도는

우리를 죄의 노예로 만든다. 어떤 수고를 하더라도

그 죄로 인해 치러야 할 대가를 생각하면 무가치한 것이다.

욕망과 죄의 결과를 뻔히 알기에 속지 말아야 한다.
손이 죄를 범하면 한 손을 잘라 버리고 천국에 가라.
다리가 죄를 짓는 것이라면 잘라 버리고
한 다리로 천국에 가라.
이 각오와 결심을 오늘 다시 새롭게 한다.

1993년 12월, 묵상

◇◇◇◇◇

> 이때로부터 예수 그리스도께서 자기가 예루살렘에
> 올라가 장로들과 대제사장들과 서기관들에게 많은
> 고난을 받고 죽임을 당하고 제 삼일에 살아나야 할 것을
> 제자들에게 비로소 나타내시니 (마 16:21).

장로들, 대제사장들, 서기관들.
이들은 모두 예수를 기다리며 살던 사람들이다.
규칙을 지키던 사람들인데 예수께서
이들의 손에 잡히어 죽으셨다.
경건한 삶을 살았다는 사람들이 예수를 죽였다.
여기에서 위대한 것은 예수께서 죽어 주셨다는 사실이다.
경건한 삶으로도 구원을 이룰 수 없다.
구원은 예수가 죽어야 이루어진다.
제사장들도 그의 죽음이 필요하고
율법사들도 그의 죽음이 필요하다.
경건이 사람을 죽인다. 의식이 남을 죽인다.
율법이 사람을 죽인다. 자기 경건의 극치에 이르는 사람들이
얼마나 많은 사람을 죽이는가. 의식의 절정에 이른 사람들이

다른 사람을 제물로 바친다.

율법은 정죄하는 법이기 때문이다.

이런 사람들의 손에 넘기어 주님께서 죽으신다.

그들은 하나님의 계시로 예수를 죽일 수밖에 없는

죄인들이다. 그들의 손에 죽으셨으나 살아나셨다.

이 사실에 모두 경악하고 이제는 믿어야 한다.

그들의 좋은 목적이 구세주를 죽였다는 결과를 보고

돌이켜야 한다.

내 경건과 의식으로 저지른 죽음들,

내 손에 이 피를 어찌할꼬.

이 모든 죄악의 대가를 기꺼이 치르시고

자신의 목숨으로 갚으시고 부활하신 주님을 바라보라.

1994년 1월, 묵상

◇◇◇◇◇

그러나 내 종 갈렙은 그 마음이 그들과 달라서 나를
온전히 따랐은즉 그가 갔던 땅으로 내가 그를 인도하여
들이리니 그의 자손이 그 땅을 차지하리라(민 14:24).

주님이 주신 땅을 믿음으로 밟는 사람이 그 땅을 차지한다.
모세의 명령으로 가나안 땅을 정탐할 때 갈렙과 여호수아는
"하나님이 함께하시면…"이라는 믿음의 눈으로
이 땅을 보았고, 다른 열 명의 정탐꾼들은 "우리가 이 일을
다 하여야 하리라"고 하는 사람의 눈으로 보았다.
여기에 실패에 원인이 있다. 사람의 생각이 멸망을 가져온다.
우리 각자에게 하나님께서 주신 땅이 있다.
하나님께서 허락하신 사업과 목표가 있다.
이것은 사람의 능력과 한계를 넘어서는 것이다.
하나님의 축복에는 반드시 아말렉, 아낙 자손들과 같은
장애물이 있다. 그러기에 반드시 하나님의 개입이 필요하고,
거기에 반응하는 우리 믿음의 작용이 필요하다.

1994년 2월, 묵상

◇◇◇◇◇

여호와께서 모세에게 말씀하여 이르시되
이스라엘 자손에게 명령하여 불을 켜기 위하여
감람을 찧어 낸 순결한 기름을 네게로 가져오게 하여
계속해서 등잔불을 켜 둘지며 아론은 회막안 증거궤
휘장 밖에서 저녁부터 아침까지 여호와 앞에 항상
등잔불을 정리할지니 이는 너희 대대로 지킬 영원한
규례라 그는 여호와 앞에서 순결한 등잔대 위의 등잔들을
항상 정리할지니라(레 24:1~4).

자신이 담당하고 있는 교회나 분야에 있어서
오직 나만이 으뜸이 되고, 그것을 유지하고자 하는 것은
성직자의 교만이다. 하나님께 위임받은 일을 자기 책임으로
느끼고 어떻게든 일을 유지하려고 노력하는 사람일수록
자기 분야에 대한 애착이나 목적이 강하다.
다른 사람이 나보다 잘하는 것을 못 봐 주고,
자기가 섬기는 자들이 다른 사람의 가르침에 쏠리는 것도
견디지 못한다. 그리고 자신이 경험한 쥐꼬리만 한 실적이나
확신이 있으면 자기가 그 분야에서 최고인 양 으스대고

고집하고 권위 있는 사람으로 대접받기를 주장한다.

이것이 목회자의 병이요, 바로 나의 병이다.

이 어리석음에서 어떻게 벗어날 것인가?

첫째, 항상 겸손해야 한다. 남의 가르침과 의견을 들을 때
판단과 비판과 선입견을 버리고 듣는 태도가 필요하다.
혹 이를 통하여 내 잘못을 회개하고 주님의 음성을 듣게
하심을 깨달을 수 있으니 두렵고 떨림으로 받아들이자.

둘째, 모든 일은 내가 한 것이 아니라 주님이 하신 일임을
고백해야 한다. 잘났다고 뽐낼 것이 하나도 없다.
내가 경험한 사실은 지극히 적은 부분에 지나지 않는다.
이를 나눌 때에도 겸허하게 감사하며
나누는 자세가 필요하다.

셋째, 상대방이 잘못 전하거나 틀렸거나 부족하다고 느낄 때
이를 깔보고 무시해서는 안 된다. 상대방이 틀렸다고
그를 가치 없는 자로 여기면 죄를 범하는 것이다.
인자와 긍휼로 그를 이해하고 세워 주는 마음으로
시정해야겠다.

1994년 2월, 묵상

◇◇◇◇◇◇

> 또 어떤 사람이 타국에 갈 때 그 종들을 불러
> 자기 소유를 맡김과 같으니 각각 그 재능대로
> 한 사람에게는 금 다섯 달란트를, 한 사람에게는
> 두 달란트를, 한 사람에게는 한 달란트를 주고
> 떠났더니(마 25:14~15).

어리석은 처녀와 지혜로운 처녀의 비유 뒤에
종의 비유를 말씀하신다.
다섯 달란트 받은 자는 즉시 가서 장사를 한다.
부지런함과 열심이 있고 주인의 것을 소중히 여기는
책임감이 있다. 이 달란트는 그냥 재능이 아니요,
주님의 칭찬 또는 저주가 달려 있다. 많은 것이
달려 있음을 볼 줄 알아야 한다. 주님의 행복,
주인의 즐거움이 각자 받은 달란트에 달려 있다.
한 달란트 받은 사람의 변명을 보면
첫째, "당신은 굳은 사람이라"(마 25:24)고 한다.
남의 말을 듣고 금방 옳고 그르다고 판단치 말고
과연 그것이 그런가를 생각하고 검토해 봐야 한다.

둘째, "심지 않은 데서 거두는 자"라고 한다.
고작 이걸 주고 어떻게 걸으라고 하느냐는 원망의 표현이다.
셋째, 두려움과 불신이 있다. 그래서 땅속에 파묻고 썩혔다.
"여기에 당신 것이 있나이다" 라고 내놔 봤자
이미 생명을 죽여서 내놓는 것이다.

내게 맡기신 달란트는 무엇이고 얼마인가?
남긴다는 것이 무엇인가?
나의 달란트는 설교를 하는 것이다. 주 안에서 나를 계발하고
하나님을 알고 그분을 담아내서 남에게 전달하는 것이다.
하나님이 주신 달란트는 반드시 자라게 돼 있다.
두 달란트 받은 자처럼 은행에라도 맡겨서
이자라도 받아야 한다. 은행은 남의 돈을 맡아서
다른 이에게 빌려 주는 곳이다. 내가 맡긴 달란트가
다른 사람을 돕는 것이다. 선교사, 목사, 교역자들은
천국 은행에 자신을 맡기고, 그 은행에서 내어 주는
남의 것으로 부지런히 쓰는 사람들이다.

1994년 2월, 묵상

◇◇◇◇◇◇

내 양은 내 음성을 들으며 나는 그들을 알며

그들은 나를 따르느니라 내가 그들에게 영생을 주노니

영원히 멸망하지 아니할 것이요

또 그들을 내 손에서 빼앗을 자가 없느니라

그들을 주신 내 아버지는 만물보다 크시매

아무도 아버지 손에서 빼앗을 수 없느니라(요 10:27~29).

주인의 음성을 듣지 못하는 양들이 있다.

기적을 보고도 믿지 아니하는 자들은 주님의 양이 아니다.

그러나 믿고 따르는 자들은 주인의 음성을 듣고

주인을 따르며 누구도 빼앗지 못할 영생을 얻게 된다.

주님의 기적을 보고도 믿지 않은 사람들이 있었듯이

지금도 복음을 듣고도 믿지 않는 사람들이

당연히 있을 것이다.

이런 사람들을 대상으로 어떻게 해야 할 것인가?

주님의 본을 찾아본다.

주님은 이런 사람들에게도 계속 말씀하셨다.

귀신 들렸다고 몰아붙이는 그 사람들에게도,

주님은 그들에게 확신을 주시며 사랑으로 대하셨다.

목사도 이런 이들에게 온유하게 대해야 한다.

목사는 늘 말씀으로 주님의 가르침을 받아야 한다.

자신의 부족한 점을 지적하여 채워 주시며

은혜로 온유하게 하시는 주님을 뵙고

그분과 사귀는 상태가 지속되어야 할 것이다.

그렇지 않으면 목사가 남을 가르치려는 마음으로

성경을 대하고, 남에게도 늘 무엇인가 고쳐 주고자 하는

마음으로 대하기에 완고함의 냄새가 난다.

교만의 냄새, 선비의 냄새, 고집불통의 냄새가 나고

사람 맛이 나지 않아 사람들이 가까이하지 않게 된다.

설교자는 하나님의 말씀을 대언하는 특별한 사명을 받은

자들이다. 하나님의 비밀과 권세를 권하기에 자칫하면

자기 생각으로 사람들을 꾸짖거나 판단하기가 쉽다.

자기 생각으로 사람들을 판단하는 위치에 있는 양 착각하여

그의 입에서는 모든 사람들의 잘잘못을 판단하는 결정이

나온다. 이것이 나의 태도였다.

상담 사연을 듣거나 그들에게 말할 때 자기 스스로 판단하고

이렇다 저렇다 결정을 내린다.

내가 내릴 수 없고, 내려서는 안 되는 결정이다. 월권행위다.

그러기에 사랑이 없고 율법적이며 사람들을 피곤케 한다.

하나님이 나를 사랑하시듯

사랑의 하나님이 그들을 인도하시도록 간구하자.

성령의 역사하심이 모든 일 가운데 철저하게 나타나도록

나의 자세와 생각을 바꾸어야 한다.

1994년 5월, 묵상

설교자가 회중을 보는 눈 또는 대하는 자세는,
하나님이 그들을 보시는 자세가 되어야 할 것이다.
하나님은 저들을 사랑하신다. 저들을 위하여 아들을
내어주시는 희생을 치르셔서 구원하셨다.
그러기에 아들 대신으로 저들과 만나야 한다.
하나님께서 우리를 아들 대하듯 하신다. 꾸짖으실 때도,
잘못을 지적하여 고치실 때도, 준엄하게 경고하실 때도
하나님의 위엄과 은혜로 행하시는 그분을 대신하는 것이
설교자의 역할이다.
그러기에 자신의 생각이나 성격 등으로 회중을 꾸짖거나
말하면 하나님을 가로막고 설교자가 하나님을 대신하고
있는 것이다.
이 하나님의 마음을 알고 설교해야겠다.
회중을 향하거나 한 개인을 향하여 한마디의 말을 할 때,
과연 사랑이신 주님이 그와 같이 말을 하실까 생각해 보며
말을 하는 자가 되어야겠다.

1994년 7월, CGN 설교 세미나

◇◇◇◇◇

종으로서, 섬기는 자로서의 지도자(Servant leader)는
어떠한 사람인가.
첫째, 상대방보다 더 낮아짐으로써 섬기는 자다.
그럴 필요가 없음에도 겸손하게 섬기는 자세를 보고
상대는 마음을 열게 된다.
둘째, 있는 그대로를 사랑해 주는 자다.
사랑받을 만하지 못한 자신을 사랑해 주는 리더의 모습을
보고 상대도 사랑하며 따르게 된다.
셋째, 듣기를 먼저 하는 자다.
상대방의 이야기를 자세히 듣고 하나님의 지혜로 답할 때
상대도 신령함을 느끼고 귀를 기울인다.
넷째, 솔직하고 정직한 자다.
항상 정직하고 성실하게 대할 때
상대도 신뢰와 진실함으로 대하게 된다.
다섯째, 항상 기쁨으로 대하는 자다.
늘 기쁘고 편안하기에 부담이 되지 않고
더 만나고 싶은 사람이다.
여섯째, 항상 꾸준한 사람이다.

감정의 기복이 심하지 않아서 위엄과 무게를 느끼고
존경하게 된다.

일곱째, 주님을 보상으로 받는 자다.

내가 주님의 종임을 철저히 의식하고, 모든 공급은
주님으로부터 오는 것을 알고, 하나님 자체를 상으로
누리는 사람이다.

한 알의 밀알이 죽고 썩으면 수많은 열매를 맺는
영적 복음의 원칙을 실천하기에 따르는 자도
하나님을 경외하고 하나님의 보상을 바라게 된다.

1994년 6월, 묵상

◇◇◇◇◇

주님, 주변의 일들이 하나둘 자리가 잡혀 가고 있습니다.
그와 함께 앞으로 할 일도 태산처럼 많아질 것입니다.
일이 많아지니 주님께 붙들리기보다 일에 붙잡혀서
바쁘게만 돌아다닐 가능성이 보입니다.
주님께 매달려 있기보다 일에 매달리고, 일에서
보람과 기쁨을 찾다가 일이 주(主)가 될까 염려가 됩니다.
사람의 일이라는 것이 참으로 언제 깨어질지 모르는
살얼음판처럼 불안정하고 불완전한 것인데….
일에 매달리지 않고 일의 주인이신 주님,
일을 주장하시는 주님께 온전히 매달리게 하소서.
주님이 계시기에 종이 이곳에 있고, 주님이 일하시기에
종이 사역을 하고, 주님이 말씀하시기에 종이 전할 말이
있습니다. 주님이 가라 하시면 내가 있는 곳이 애굽의
궁전이라도 그곳을 떠나 광야로 가기를 원합니다.
광야든 천국이든 주님을 따르는 종이옵니다.
온전히 주님을 좇게 하소서. 주님의 그림자가 되게 하소서.
주님이 계신 곳이라면 어디든지 있는 종이 되게 하소서.

1994년 2월, 광림수도원에서

93

◇◇◇◇◇

지난 주말에는 세 팀의 손님들과 약속이 겹쳐서 매우 바빴다.
손님들에게 식사를 대접하고 관광 안내를 한다고
돈을 너무 많이 썼다. 일화나 미화와 비교하여 싸다는 생각에
식당이나 관광을 안내하지만 중국인 수준으로는 최고급이다.
주님, 회개합니다.
이렇게 헛되이 쓰는 것을 이제는 안 하겠습니다.
꼭 필요한 일에만 쓰게 하시고 중국인들의 수준,
현지인들의 생활수준에서 생활하겠습니다.

1994년 3월, 중국에서

◇◇◇◇◇

나는 사람에게서 영광을 취하지 아니하노라
다만 하나님을 사랑하는 것이 너희 속에 없음을
알았노라(요 5:41~42).

주님이 사랑하고 계심을 알기에
또 그 사랑은 영원히 변하지 않는 사랑임을 알기에
말씀이 없을 때도, 오랫동안 못 만나도, 아무 소식이 없어도
조금도 의심 없이 옆에 계신 것처럼 모시고 삽니다.
믿지 않는 자는 하나님을 사랑하지 못합니다.
믿으면 사랑하게 되고 그의 음성을 듣게 되며,
형용을 보게 되며, 말씀이 그 마음속에 있게 됩니다.

1994년 5월, 묵상

◇◇◇◇◇

사도행전에서 복음의 진행은 어떠한가?
하나님께서 사건들을 어떻게 펼쳐 나가시는가?
예수님의 승천과 오순절 사건 이후 베드로와 요한의
설교로 3,000명이 돌아오고 앉은뱅이가 일어났다.
천사들이 감옥에서 석방시키고 난 후에는 더욱 담대하게
확신을 가지고 설교하게 된다. 제자들 외에 일곱 집사들을
선택하고 이들이 또한 능력을 행사한다. 스데반의 설교는
아브람으로부터 시작된 하나님의 역사하심을 설명하고 있다.
하나님이 역사를 계획하시고 그대로 진행하시는 분임을
설명하는 것이다.
나는 죽고 그리스도가 나를 온전히 지배하는 삶을 살자.
주님이 시키신 일 또는 주님의 명령이 내 앞에 있기에
나의 사람과 욕심과 자신을 생각할 겨를이 없다.
오직 그 명령만을 수행하기 위하여 일편단심이 되자.
나는 죽었다. 내 육신의 생각이나 죄가 지배하는 생각을
완전히 내려놓고 온전히 주님 명령을 끝까지 따르며
주님께 지배당하는 삶을 살자.

1994년 6월, 사도행전 묵상

◇◇◇◇◇

교회는 나의 있는 그대로를 털어놓는 고백이 있는 곳이다.
적당히 행하고, 적당히 감추는 것은 교회에서는 통하지
않는다. 하나님께서 반드시 드러내시고 대가를 치르게
하시기 때문이다.
인간이 가장 안심하고 정직할 수 있는 곳, 그곳이 교회다.
사람과 사람 사이에 가장 정직하고 솔직할 수 있는 곳이
교회다.
아나니아와 삽비라 사건은 교회 안에서 거짓이 행해진다는
것은 더 이상 갈 곳이 없는 절망이요 사망이라는 것을
보여 주는 사건이다. 교회 안에서까지 위선과 거짓,
반쪽인 진실이 통한다면 인류는 더 이상 찾아갈 곳이 없다.
교회에서 우리는 정직해야 한다. 서로 솔직해야 한다.
나의 있는 그대로를 나눌 수 있는 거룩한 곳이 되어야 한다.
내 생각과 마음을 다 아시는 주님 앞에 부끄러움이 없는
일꾼으로, 있는 그대로를 고백하며 살아가리라.
부족해도 잘못했어도 그대로 고백하며, 하나님께서 내가
정직하도록 은혜로 도우심을 믿고 감사하며 살아가리라.

1994년 6월, 사도행전 5장 묵상

97

주는 나의 목자이십니다. 나는 그분이 기르시는 양입니다.
하나님께서 직접 목자가 되셔서 나를 돌보십니다.
그분의 목장 안에 내가 들어가 있습니다. 그분은 나의
목자십니다. 나는 부족함이 없습니다. 그분이 나를 푸른
초장에 누이시며 그분이 찾아 놓으신 초장, 하나님께서
직접 찾으신 초장, 그분이 인도하신 물가에서 내 영혼을
소성케 하십니다. 피로하고 지쳤던 내 영혼에 빛과 힘을 주사
가뭄에 비를 맞게 하는 물가입니다. 파릇하여 새롭게 되듯
내 영혼이 소성케 됩니다.
그리고 그분의 이름을 위하여 나를 의의 길로 인도하십니다.
주님이 인도하시는데 사망의 음침한 골짜기를 걸을 때도
있습니다. 통과해야 할 때도 있습니다.
그러나 해를 두려워하지 않습니다. 해 받을까 두렵게 여기지
않습니다. 왜? 주께서 나와 함께하시기 때문입니다.
주님이 나와 함께 그 골짜기를 통과하시매 주님의 막대기와
지팡이가 나를 안위하십니다.
막대기와 지팡이를 볼 때마다 나를 인도하기 위하여 계신
그분을 확인할 수 있어서 안심합니다. 그 막대기와 지팡이가

나를 옳은 길로 인도하고, 위험에 빠졌을 때 구출해 내는
도구가 되었기에 이 음침한 골짜기를 걸어가면서도
안심이 됩니다. 지팡이는 나를 인도하실 때 쓰시고,
막대기는 나를 훈육하는 데 쓰십니다.
원수의 목전에서 상을 베푸십니다. 사망의 음침한 골짜기를
벗어나서 이제 승리의 축전을 베풉니다. 원수들이 지켜보는
가운데, 패자들이 원망의 눈으로 쳐다보는 가운데
상을 베푸시는 주님입니다. 내 머리에 기름을 바르십니다.
승리자에게 월계관을 씌워 주는 모습,
임금으로 추대하는 모습….
나의 분복이 넘쳐 납니다. 이렇게 기름을 발라 주시고
승리의 축전을 베풀어 주신 주님이시기에 내 평생에
선하심과 인자하심이 정녕 따르리니, 시험이 끝난 다음에도
주인의 집에 영원히 거합니다. 목자가 거하는 집에 양이
영원히 거합니다. 목자로 나를 먹이시고 인도하신 주님,
목적지는 주님의 집입니다. 그곳에 거할 수 있도록 인도하신
주님이 구원의 하나님이십니다.

1994년 7월, 시편 23편 묵상

99

◇◇◇◇◇

세미나 나흘째, 육신의 피곤을 느낀다.

교실에서 의자에 한 다리를 올려놓는 자세로 앉아 있었다.

내가 편하고 미국식으로는 문제가 되지 않으나

현지 사람들은 어떻게 생각할까?

끝나고 교구 사무실에 있을 때 허리가 아파

의자에 다리를 길게 펴고 앉았다.

동역자들에게 어떤 인상을 주었을까?

주님, 회개합니다.

언제나 자세가 흐트러지지 않으면서도,

상대방에게 긴장감을 주지 않도록

편안하나 질서 있는 태도로 살겠습니다.

1994년 7월, 일기

모든 일을 그의 뜻의 결정대로 일하시는 이의
계획을 따라 우리가 예정을 입어 그 안에서 기업이
되었으니 이는 우리가 그리스도 안에서 전부터 바라던
그의 영광의 찬송이 되게 하려 하심이라(엡 1:11~12).

하나님의 은혜는 하나님의 긍휼에서 오는 것이기에
한 번 받기만 하면 모든 것을 해결하고도 남음이 있다.
이 은혜가 임할 때 지혜와 총명이 온다.
하나님의 지혜로 하나님의 역사와 계획과 뜻을 이해하게
되는 것, 이것이 총명이다.
그리스도 안에서 목적하신 때가 이르면
땅이나 하늘에 있는 모든 것은 그리스도 아래 있을 것이다.
지금은 머리가 둘이다.
하나님과 사탄, 두 지배자가 세상에서 부딪친다.
그러나 때가 오면 하나님께서 전체의 머리가 되신다.
사탄은 지옥으로 보내져서 다스림을 받을 것이고,
그리스도와 함께 우리 모두는 하나님의 지배 아래
참평안을 누릴 것이다.

이때까지 우리는 하나님의 계획에 맞추어서 움직이고
일하도록 택함을 받았다. 하나님의 설계도에 맞추어 쓰이는
하나의 부품으로 택해진 것이다.
그 설계대로 쓰임을 받을 때 우리 자신이
하나님을 찬양하는 그릇이 된다.
우리의 변화된 모습이
하나님을 찬양케 하는 결과요 내용이다.

1994년 9월, 묵상

◇◇◇◇◇

나의 간구를 들어주시는 하나님!
이 얼마나 특권인가. 내게 귀를 기울이시고 들어주시는
주님께 여러 가지 일을 구하고,
도움이 필요한 다른 이들의 일을 중보하는 것이
얼마나 귀하고, 능력 있는 일인가를 깨닫는다.
또 내 부탁을 들어주시는 하나님!
모든 문들을 여시고, 안심하고 들어가게 하시고, 개인적으로
구하는 모든 것을 다 아뢰게 하시고, 얼마든지 시간을 내어
주시며, 두려워하거나 조급해하지 않으면서 하나님과 대화를
나누고 면접하고, 나의 일과 다른 여러 가지 일들을
부탁할 수 있는 권한을 주신 아버지, 감사합니다.
하나님께 줄이 닿아 있는 사람, 하나님께 부탁할 수 있는
자리에 있는 사람의 특권.
나의 모든 것을 들으시고 하나님의 능력과 판단과 지혜로,
정확하심과 성실하심과 완전하심으로 즉시 처리하시는
하나님을 찬양합니다. 할렐루야!

1994년 9월, 기도

하나님께서 조나단 에드워드에게 능력으로 임하시자
설교를 듣는 회중이 지옥에 떨어질까 봐 두려워
교회의 기둥과 좌석들을 붙잡았다고 한다.
그때 에드워드는 강단 위를 왔다 갔다 하면서 사람들에게
열변을 토했을까? 전혀 그렇지 않다.
에드워드는 근시 때문에 눈에서 겨우 10인치 정도 떨어진
원고를 보고 메시지를 읽었으며 대화하듯이 작은 음성으로
말했다. 인간의 감정이나 커다란 목소리도 성령의 능력에
필적하지 못한다. 아주 조용하고 감정이 없는 말일지라도
성령의 능력을 받으면 훌륭한 말솜씨보다도 더 많은 영적인
결과를 성취할 것이다. 우리는 심리학을 통하여 감정을
일으킬 수 있지만, 하나님의 영을 조작할 수는 없다.
우리가 하나님의 메시지에 사로잡히고 우리 속에서 성경의
깊은 내적 역사를 느낄 때에는 아주 고요하게,
또 깊은 감동을 통하여 말하고 노래하며 인도하게 될 것이다.
참석한 자들이 성령님께 사로잡히게 될 것이다.

1994년 10월, 묵상

◇◇◇◇◇

주님, 새벽에 일어나 세수하고 거실로 나왔을 때
식탁, TV, 찬장, 팩스까지 마련된 방을 보면서
베이징에서 이렇게 자리를 확고히 잡고
이 나이에 언어를 공부할 수 있도록
온전한 환경을 마련해 주신 것을
새롭게 발견하고 마음속에 감사가 넘칩니다.
작년 9월 중순에 들어와서 4개월여 동안
이렇게 자리가 잡혀 있음을 보면서
주님께 찬양과 경배를 드립니다.
이렇게 분에 넘치게 마련해 주신 주님,
맡겨 주신 소명 잘 감당하도록 충성하겠습니다.
특별히 중국어 공부를 좀 더 열심히 하며,
TV 보는 시간을 줄이고 그 시간에 단어와 숙어를 외우고
문장을 만드는 연습을 할 것을 약속드립니다.
주님, 감사합니다!

1994년 11월, 기도

내가 사람들과 특히 권좌에 앉은 자들과 이야기할 때 나를
돋보이기 위한 과장이 있다. 사실을 적당히 은폐하고 반쪽
진실을 온전한 것처럼 타협해서 움직이는 일 등 정직하지
못하게 행한 것을 고백합니다.

죄를 지으며 살지 않게 하소서.

사울은 여호와의 명령을 거역했을 뿐만 아니라 거짓으로
난을 면하고자 여호와를 속이고자 했다.

사람들을 두려워해서 사람 눈에 들게 함으로 스스로의
영광을 지속시켜 보려는 사울의 어리석고 어려운 모습
속에서 나를 발견한다.

주여, 회개합니다.

앞으로 이 점에 주의하여 상황이 아무리 불리하고
곤란할지라도 있는 것 그대로 정직하게 치부를 드러내고
인정하는 종이 되겠습니다. 또한 이런 일이 없도록 스스로
각별히 주의하겠습니다.

1995년 4월, 묵상

예수께서 열두 제자를 불러 모으사 모든 귀신을 제어하며
병을 고치는 능력과 권위를 주시고(눅 9:1).

하나님 나라를 전파하기 위해 제자들을 보내시며
여행을 위하여 아무것도 가지지 말라고 하신다.
주님이 주신 권세와 능력이 있기에
아무것도 가질 필요가 없다.
지금은 어떤가? 예수의 이름으로 모이는 곳마다
주님의 기적이 일어나야 한다.
설교하는 것으로 마음의 감동만을 주고 끝나는 모임이
아니라 듣고 회개하고 눈물이 쏟아져 나오는
역사가 있어야 할 것이다.

1995년 4월, 묵상

내가 복음을 위하여 모든 것을 행함은
복음에 참여하고자 함이라(고전 9:23).
내가 내 몸을 쳐 복종하게 함은
내가 남에게 전파한 후에 자신이 도리어
버림을 당할까 두려워함이로다(고전 9:27).

복음을 나누면서 자신도 이 복음이 주는 축복에
참여할 수 있기를 간절히 소원하며
노력하는 바울의 자세를 본다.
말로만 전하고 그 내용이 주는 축복에는
참여치 못할까 두려워하고 있다.
이 육신은 주님을 위한 일꾼의 몸이니
먹는 일이나 쉬는 일이 오직 주를 위한 것이라야 할 것이다.
커피나 차를 마시는 일, 간식을 먹는 일 등이
오직 먹고 마시는 것 자체를 위한 일이 되지 않도록
해야겠다. 맛이 있어서, 먹고 싶어서가 아니라
육신의 필요를 위한 적당한 양을
먹고 마시는 일로 그쳐야 한다. 먹기 위하여 먹는다거나 마시기 위하여 마시는 일이 없도록 해야겠다.

내 몸은 주를 위한 몸이요 복음을 위한 몸이기 때문이다.

1995년 5월

◇◇◇◇◇

주님, 내 안에 서두르는 것이 있습니다.
차분하게 말씀에 귀를 기울이기보다는
그다음, 그다음 생각으로 넘어가는 것이 있습니다.
멈춤으로써 성령의 기름 부으심이 있게 하소서.

1995년 12월, 기도

누구든지 주 예수를 믿음으로 거듭난 사람은 하나님의
사랑이 얼마나 지극하고 위대하며 감동적인가를 깨닫게
된다. 인간에게 사랑을 받아도 기쁘고 가슴이 뛰고 뿌듯한
일이거늘, 만물의 주인이신 하나님의 사랑을 받는 것은
무엇과도 비교할 수 없는 축복이다.
하나님께서 사랑할 만한 가치가 조금도 없는 나를 비롯하여
모든 죄인을 구원하시려고,
하나밖에 없는 아들을 내어 주고 죽게 하셨다.
이것이 하나님의 확실하고 진실하신 사랑의 증거다.
이 사랑으로 구원받은 모든 이들에게 하나님께서 요구하시는
것이 있다. 하나님을 사랑하라는 것이다.
"내가 너희를 사랑하여 독생자를 죽이기까지 내어 주었으니
너희도 나를 사랑하라"는 것이다. 하나님을 사랑하되
"네 마음을 다하고 목숨을 다하고 뜻을 다하여 주 너의
하나님을 사랑하라"(마 22:37)고 하신다.
당연한 요구요, 마땅히 따라야 할 명령이다.
구원받은 나의 일생은
주 하나님을 사랑하는 일로 채워져야 한다.
하나님을 사랑하는 일에는 세 가지 요소가 구비되어야 한다.

이 교훈의 목적은 청결한 마음과 선한 양심과
거짓이 없는 믿음에서 나오는 사랑이거늘(딤전 1:5).

청결한 마음과 선한 양심과 거짓이 없는 믿음으로
하나님을 사랑하되, 오직 한마음으로, 조금도 섞임이 없는
순수한 마음으로 사랑하며, 내 양심에 비추어 보아
조금도 거리낌이 없어야 한다. 하나님을 믿고, 있는
그대로 모든 것을 다 바쳐서 조금도 의심치 않고 어디든지
따라가는, 온전하고 순수한 믿음에서 나는 사랑이 우리 안에
이루어지게 하는 것이 목표라고 바울은 밝히고 있다.
우리는 "주님을 사랑합니다"라고 자주 말한다.
그럴 때마다 우리는 자신을 돌아보아 하나님을 뵐 수 있을
만큼 청결한 마음인가, 내 양심에 조금도 가책이 없이
오직 하나님만을 사랑한다고 고백할 수 있으며, 환난이나
핍박이나 괴로움이 있을지라도 오직 신랑 되신 예수님만을
믿고 의지하며 그분이 오실 때까지 자신을 거룩하게 지켜
나가는 믿음의 소유자인가를 확인해 봐야 한다.

칼럼집 「살아계신 하나님」에서

IIIIIIIIII

남편(김사무엘)이 처음으로 중국을 갔을 때였다.
베이징에서 짐을 풀고 바로 조선 사람들이 많이 사는
만주 지역을 찾아갔다. 중국어가 서툴기에 말이 통하는
조선족에게 먼저 복음을 전하는 것이 목적이었고,
또 북한이 가까운 곳에 있어서 북한 소식도 전해 들을 수
있었기 때문이다.
여러 교회를 돌아보던 중에, 만주 지역의 한 지하 교회
장로님과 연락이 닿아, 그곳을 찾아갔다.
거기에서 몇 교회를 더 둘러보고는, 30시간이 넘게 기차를
타고 베이징으로 돌아왔다. 무려 14일 동안이나 넓디넓은
만주 땅을 돌아다니며 여러 조선족 교회를 돌아보고 오니
몸이 파김치가 되었다.
그런데 그가 머물게 된 집의 자매가 다음 날 '북대하 조선족
교회'가 어렵게 지은 예배당의 헌당식을 하는데, 그가 같이
가서 축복해 주기를 부탁해 왔다. 그는 사실 이제까지
고생한 것만으로도 충분하다고 생각했다.
그곳에 가려면 또 7시간이나 기차를 타야 했기 때문이다.
그는 '내일은 어떤 일이 있어도 편히 베이징 오리고기를 먹고

만리장성도 구경하리라' 마음먹고,

자매의 부탁을 정중히 거절하고 잠이 들었다.

바로 그날 새벽이었다. 잠깐 눈을 떴더니 비가 억수같이

퍼붓는 소리가 들렸다. 다시 한번 '비 때문에 못 가겠다고

해야지'라고 생각하며 잠을 청했다.

그러자 조용하고 다정한 음성이 들려왔다.

"Why did you come here?"(너 여기에 왜 왔니)

영어로 들렸지만, 아주 인자한 할아버지가

철모르는 손자에게 조용히 타이르는 말씀 같았다.

그의 귀에 익숙한 하나님의 음성이었다. 이곳에 네가 무엇을

하러 왔느냐고 너무 인자하게 물어보시는 하나님께,

그는 얼른 "알았습니다. 주님, 베이징 오리고기를 먹으러 온

것이 아니지요!" 하고 대답했다. 그리고 아침 일찍 일어나

자매에게 헌당식에 가겠다며 채비를 차렸다.

이른 아침부터 발길을 재촉해 헌당식을 한다는

조선족 교회에 도착해 보니 사람들이 여기저기 모여서

웅성거릴 뿐 뭔가 일이 진행되는 것 같아 보이질 않았다.

사정을 알아보니 이곳에서는 당국에서 허락한 중국 목사님

입회하에 헌당식을 해야 한다고 했다. 그런데 그 목사님이

부득이한 사정으로 오지 못해 헌당식을 연기해야 한다는

것이었다.

그곳에 그 외에도 10~20명 가량 외지에서 온 손님이 더
있었는데 남편은 베이징에서 온 음악 선생으로 소개가 되어
있었다. 그곳 교회에 외국인은 출입 금지였기 때문이다.

몇몇 교회 지도자들이, 하나님께 드리는 헌당식인데
정부에서 인정하는 사람이 무슨 대수냐며 헌당식을 계획대로
밀어붙이자고 했다. 중국 목사님이 참석하지 못했기 때문에
예배 순서를 그곳에 온 사람들이 하나씩 맡아서 인도했다.
누구는 찬양을 맡고, 누구는 기도를 맡으면서 역할을
나누더니, "마지막으로 예배를 드린 후, 기도는 베이징에서
오신 음악 선생이 하시구레?" 하는 소리가 들렸다.

그러자 모두가 그를 쳐다보았다.

남편은 깜짝 놀랐다. 원래 예배 후 마지막 기도는 하나님의
기름 부으심을 받은 종이 하는 축도가 아닌가?

그는 그제야 비로소 하나님이 그를 깨워 이곳으로 가라 하신
뜻을 알 수 있었다.

그러나 그날, 불행하게도 예배당 안에는 공안국에서 보낸
첩자가 있었다. 정부에서 금지하는 일을 했다며
예배가 끝나기가 무섭게 공안원들이 들이닥쳤다.
교회 지도자들의 표정에는 당황하는 빛이 역력했다.

공안원들은 하얗게 질린 그들을 어디론가 끌고 가는 것
같았다. 교회 문에는 긴 나무판자를 엑스 자로 대고 못을
쳤고, 남은 사람들을 일일이 검문하며 신원을 확인했다.
그를 비롯해 헌당식에 초대되어 온 많은 사람들이,
공안국에서 대기해 놓은 승합차 앞에 줄을 섰다.
공안 간부들에게 신원 확인을 받고, 그들이 보내 주는 사람만
차를 타고 돌아갈 수 있었다.
그는 초조하게 고심하고 있었다. 험상궂은 공안원 세 사람이
서 있었는데, 만일 그들이 "너 어디서 왔느냐?" 라고 물으면
뭐라고 말해야 할지 몰랐기 때문이다. 그때 그는 베이징에서
온 음악 선생, 김 선생이었다.
그는 주님께 기도를 드렸다.
"주님! 어떻게 얘기해야 합니까?"
"있는 사실 그대로 이야기하라."
주님이 응답해 주셨다.
두려웠지만, 하나님을 거역할 수는 없는 노릇이었다.
"알겠습니다."
그는 최대한 태연한 척하기 위해, 후들거리는 걸음걸이를
애써 감추며 앞으로 나갔다. 남편의 바로 앞 사람 차례가
되자, 공안원이 물었다.

"당신 어디서 왔소?"

"심양에서 왔소."

드디어 남편의 차례가 되었다. 그런데 어찌된 일인지
그에게 어디서 왔냐고 물어보는 사람이 아무도 없었다.
조금 더 걸어가 보았다. 그런데도 붙잡는 사람이 없었다.
그는 태연한 척 앞으로 계속 걸어갔다.
돌아서서 내게 왜 안 물어보냐고 따질 수도 없는 일이었다.
그는 짐짓 모든 과정을 통과한 사람처럼 천천히 버스에
올라탔다. 그런데 남편의 뒤에 섰던 사람에게는
공안원들이 물었다.

"어디서 왔소?"

마치 공안원들은 남편을 보지 못하고 있는 것 같았다. 그는
갑자기 자신이 무슨 투명인간이라도 된 듯한 기분이 들었다.
마지막 사람이 타고 차가 출발하자 눈물이 왈칵 쏟아졌다.
하나님은 그분의 명령을 감당하기 위하여 헌신한 사람에게,
"네가 어떻게 일하는지 내가 지켜볼게" 하는 말씀을 하시지
않는다. 주님은 헌신한 사람과 함께, 그분의 일에 동행하신다.
왜냐하면 그 일은 하나님의 일이기 때문이다.

「왕의 초대」에서

중국 W교회에서

중국 베이징
한인 성경 공부 모임

한국 기독교
순교자 기념관 앞에서
선교훈련생들과 함께

12/.8/98 (토) 사가.

기차, 폭우 터널.

12/25/98 (금) 사가.
어제 계곡은 깊한호 라고 �� .... 장강들에 계곡을 칠 ...... 씨앗, 이른사
(은리산원 복수냐) 가족나들이 리밥음. 생성하 귀한 가족을 이웃라 ......
좌방을 감사 드리나.
계곡 .....란 ...... 먼 .... 깨수 .... 다양 ...... 언제나 기분 ......
.... 추억 ....

1/1/99 (금) 사가.
...... 내가 .... 이것이 ...... 크기지 기나나 ......
.... 5번째 ......
....
.... CD T를 ....
..., ... 터미널 ...... 주셔서요. ....
...... 신치는 .... 누 ....
.... 수 ...... 기리 ....
.... 씨앗 ....
.... 그러 .... 이 ...... 씨앗 ....
... . 에 .... 주 ....
.... 사랑 .... 비 ....
.... 아름 ...... 생기 ....
씨앗? ...., 리 ...... , 사랑에 ....
...... 시간을 ...... 외도 누 ....
.... 어디 .... 하셔주셔!

우상을
불태우고
주님의
제자로
삽니다

◇◇◇◇◇

선교는 사역이 아니다.

선교는 삶이요 인격이며 감동이다.

선교는 인간의 운명을 바꾸는 일이다.

사람을 살리고, 인격을 성숙하게 하는 일이기 때문이다.

인격의 성숙은 겸손에서 비롯된다.

그러므로 참선교사는 겸손한 선교사다.

겸손의 바로미터는 순종이다.

말로만 하는 순종이 아닌 진짜 순종 말이다.

하나님이 우리 안에 하나님 되지 못하게 하는

가장 큰 이유는,

하나님을 대체한 또 다른 하나님이 우리 안에 있기 때문이다.

어떤 이유로 또 다른 하나님이 우리 안에 있게 하는가?

2002년 10월, 일기

◇◇◇◇◇

새벽 3시에 깨어서 기도.

이제 생각해 보니 온누리교회의 2천/1만 사역의

그 큰 소리를 듣고 너무 기쁘고 도전이 되고 하고 싶어서

깊이 기도하지 않고 하용조 목사에게 끼워 달라고 제안했다.

그리고 하나님이 기뻐하시는 것으로 알고 일을 추진했다.

그런데 맡겨지는 일의 내용이나 범위를 볼 때

한 가지 생각되는 것은

주님의 분명한 명령을 받지 않았다는 것이었다.

이 새벽, 이것이 주님의 보내심인가를

간절히 기도하게 하신 주님.

주님의 확정을, 재가를 청한 종에게

세미한 음성으로 말씀하신 주님.

"너를 복된 선교지로 파송하노라.

모든 것이 다 갖추어진 온누리교회라는 선교지로 보내니

가서 선교사로서의 주어진 사명을 다하도록 해라."

마음에 깊고 넓은 평안이 찾아왔다.

주님, 온누리교회로 갑니다.

선교사 모병관이 되어 가게 하심을 감사합니다.

선교사의 사명을 받음이 얼마나 귀한 것인가를
실제로 보여 주고
선교사의 삶을 보고 도전을 받으며,
온누리교회에 파견된 배속 장교와 같은 사명을
감당하게 하소서.
영적 전쟁의 일선이 있음을 상기시키고
지금 전쟁 중에 있음을 알리며 가야 할 곳이 있기에
이렇게 모병관으로 와 있습니다.

1995년 6월

6/10/95 ...

...

confirmation을, ...

"...

" ...

I confirmed that ... 다 is His will for me to come here & serve him.

125

◇◇◇◇◇

"우리 인생 최고의 취직이자 출세는
하나님의 군대에 고용되는 것입니다.
선교 군단으로 택함 받은
온누리교회의 교인 전부가 다 선교지로 나가길 바랍니다.
한 명도 빠짐없이 우리는 선교사입니다.
온누리교회는 축복받은 나의 선교지입니다."

1995년 7월, 온누리교회 2천/1만 위원회 총괄 책임자가 된 후의 인터뷰

◇◇◇◇◇

온누리교회에 와서 두란노, BEE(Biblical Education by Extension,
성경연장교육원) Korea, 일어예배, 해외선교, 청년부 사역 등
할 일을 짚어 볼 때, 나의 능력을 넘어섰다.
오직 그분을 섬기는 구체적인 창구로 나를 그분께 드려서
그분이 나를 쓰시는 귀한 사역이 될 뿐이다.
내가 할 수 있는 한계를 넘어서게 하신 주님, 감사합니다.
온누리라는 귀한 교회를 주셨음을 감사합니다.
하나님을 사랑합니다. 온누리를 사랑합니다.
각 나라말로 주님을 경배하고 찬양하게 하소서.
영어로, 중국어로, 일본어로, 불어로, 러시아어로, 만국어로
만민이 주님을 찬양하게 하소서.

1995년 6월, 온누리교회 첫 새벽기도

◇◇◇◇◇

서울에서 포항에 있는 한동대학교로 이동 중이다.

아주 넓게 잘 지어진 시설,

훈련 선교사들에게 아주 알맞은 환경이다.

주님, 능력있는 종이란 무엇입니까?

지금의 저는 능력을 위임받을 위치에 있지 않습니까?

이 능력을 받는다면 얼마나 교만해질까 생각합니다.

하지만 능력을 받아야 주의 사역을 감당할 수 있습니다.

이 교만한 마음을 어떻게 처리할까요?

"손을 얹고 기도하니 병이 낫더라." 그런 역사가 일어날 때

얼마나 다루기 힘든 자신으로 변할까 두렵습니다.

주님, 이번 주일 일본어예배에서는 성령세례에 대하여

말씀을 나누어야 할 텐데, 종의 모습은 사라지고 오직 주님이

저들과 함께하시는 역사가 임하고 주님과 하나 되게 하소서.

제가 어떻게 해야 하나요? 종이 할 수 있다는 자신감이나

나서는 것이 없어져야겠습니다. 내가 나서는 것 없이

주님만 나서실 수 있게 하려면 어떻게 해야 할까요?

1995년 7월

◇◇◇◇◇

주님, 어젯밤에는 그렇게도 요란해서 잠을 설쳤습니다.

단잠을 잃은 것도 있으나 오늘 새벽에 몸에 힘이 없음을

느낍니다. 왜들 그렇게 어젯밤은 요란했을까요?

온 그룹이 모두 요란한 것처럼 느껴집니다.

그럼에도 이 아침에 주님을 찬양합니다.

TIM(Tyrannus International Mission, 두란노해외선교회)의

여덟 자매가 너무 자주 낙오되는 듯해 분리하여 그룹을

만들고자 합니다. 이들을 어떻게 도우며 섬겨야 할까요?

화장을 하고 요란하게 자신을 드러내려고 하는 자매의

마음은 어떤 것일까요? 어떻게 도와줄 수 있을까요?

한 자매의 어두운 얼굴은 어떻게 할까요?

이들이 선교지에서 훈련받을 수 있겠습니까?

주님, 아침 큐티는 어디서 할까요?

말씀을 주소서.

1995년 7월, 기도

◇◇◇◇◇

온누리교회 주일예배 설교에 대한 압박으로
잠 못 이룰 정도로 걱정했다. 새벽 2시 반에 일어나서
4시까지 기도드리고 고민했다. "말씀을 주소서."
그리고 들어가서 다시 잠깐 눈을 붙였다.
결국은 누가복음 4장 '희년 선포'의 말씀을 하기로 하고,
서울로 설교 제목을 전달했다.
그 이후로 마음이 무척 평안했다.
무엇보다도 그 많은 사람들을 의식하고,
하용조 목사님을 대신한다는 압박, 잘해야한다는 책임을
느낀 나머지 잠 못 이루는 밤을 지냈다.
그러고 보니 좋은 시간이었다.
얼마나 간절하게 주님께 간구했는지….
앞으로 모든 설교를 이런 자세로 해야 하리라.

설교를 마친 후, 하 목사님이 나의 설교에
"감정과 진리가 없다"고 지적해 주셨다.
나의 부족을 지적해 주는 선지자가 있음을 주님께
감사드린다. 이곳이 축복된 선교지인 이유다.

매일 설교함으로 영성을 유지할 수 있다.

주님, 매 주일 일본어예배와 5부 예배 등에 설교할 수 있는
귀한 자리를 허락하신 데에 감사드립니다.

이렇게 지적받고 믿고 따를 수 있는 선배를 주심을
감사합니다.

1996년 2월

◇◇◇◇◇

아름답고 교양 있는 여인을 보면 사귀고 싶고, 안고 싶고,
또 소유하고 싶은 욕망이 남자들에게 있기 마련이다.
그러나 그 여인보다 더 아름답고 더 매력 있는 여인이
곧 나타날 것이기에, 그러한 욕망은 헛되고 헛된 것이다.
그 여인이 최고인 것 같아 온 정력을 다해 사랑하다가
그보다 더 좋은 여인이 눈에 보이면 다시 그에게로 옮겨 가지
않겠는가. 그리고 또다시 다른 여인에게로 마음이 옮겨 갈
것이니 헛된 것을 좇아가는 원죄의 본성이 그런 것이다.
죄의 본성을 따라 헛된 삶을 살지 말고
하나님께서 처음부터 주신 여인,
내 아내를 최고로 생각하고 사랑하며 아끼고
함께 사는 것이 하나님의 뜻이요 최상의 선택이다.
지금 내 옆에 있는 한 사람에게 만족하고,
바람에 휩쓸려 방황하지 않는 것이 현명한 일이다.

1996년 12월, 묵상

하나님의 도우심으로 설교를 했다. 혹 내 안에 하나님이
나를 도우심으로 내가 이렇게 섰다는 생각, 자만은 없는가?
내가 주격이 되고 하나님이 보조격이 된 것은 아닌가?
자기를 내세우지 않는 것 같지만 사실은 자기를 세워 주신
하나님께 감사하다는 것이 내가 주격이 되는 것이다.
하나님이 주격이 되는, 곧 하나님만이 전부일 수는 없을까?
"그분이 다 하셨습니다. 내가 아니라도 누구를 쓰셔도 그분은
하실 수 있는 분입니다"라는 고백은 어떤가?
나도 하나님의 도구일 뿐이라고 담대하게, 자신 있게 말할 수
있어야 함이 아닌가? 그러려면 어떻게 해야 하는가?
주님의 역사하심이 너무 현저해서 나의 종 됨이, 노력이 있을
수 없는, 인정할 수 없는 그러한 상태에서 주님을 섬겨야겠다.
이것이 곧 내가 없는 곳이다.

아브라함을 보자. 75세에 부르심을 받고,
85세까지 자식이 없다가 99세에 다시 약속을 받았다.
이 기간에 이스마엘 사건이 있었다. 이렇게 파란만장한
인생을 살았다. 하나님을 만났다고 금방 모든 일들이

이루어지는 것은 아니다. 계속 약속을 재확인해 주시는 주님,
그분의 말씀으로 살아야 한다.

하나님은 그분을 바랄 수밖에 없는 사건을 통해
계속 기다리고 기대하며 바라게 하신다.

하나님의 사건, 믿음의 사건, 믿음으로 살아가게 하는 사건을
주신다. 지금 이렇게 하나님의 약속을 바라며 살게 된
그 무엇이 있는가? 하나님의 약속을 꼭 붙잡고 나가게 하는
사건이 필요하다. 비록 당장 눈에는 그 효력이 안 보이더라도,
하나님의 약속을 받았으니 이를 믿고 기대하고 가는 것이
있어야 한다. 이것이 믿음의 사람이다.

여러 번의 사건을 겪으며 이렇게 살아갈 때 성령은 우리가
믿음으로 살아가도록 하신다.

믿음은 바라는 것들의 실상이다.

바라는 것, 즉 바라는 사건이 있어야 그 실상이 나타난다.

믿음이 있어야 약속하신 내용과 그 내용을 약속하신
하나님의 절대적인 신뢰성을 알 수 있다.

내가 바라는 것은 무엇인가?

1997년 4월, 묵상

◇◇◇◇◇

일만 하는 자는 주인을 대할 때
간단한 인사만 형식적으로 하고
하루 종일 자기 생각 안에서 손을 놀려 일을 한다.
하지만 주인을 사랑하여 일하는 자는
그 주인을 반갑게 대하며, 마음을 털어놓고 이야기하며,
맡겨진 일을 할 때도 주인의 뜻을 생각하며 할 것이다.
그러기에 일이 쉽고 잘 되며, 마음도 기쁘다.
그 일꾼이 한 것이 돋보일 것이요,
주인이 볼 때마다 그 종이 사랑스러울 것이다.

1998년 10월

◇◇◇◇◇

주님, 새해가 밝았습니다.

금년에는 어떠한 한 해를 주실지 기대가 됩니다.

작년은 안식과 훈련으로 한 해를 보냈습니다.

그리고 이제 새해가 왔습니다.

주님, 이제 일을 주십시오. 주신 일을 열심히 하되,

일의 성취를 위해 수단과 방법을 가리지 않거나

적당히 타협하는 자가 아니라 진리대로 행하되

사람을 사랑하고 인자하신 주님의 모습을 더욱 닮아가는

그런 종으로 섬기고자 합니다. 일보다는 사람과의 관계를 더

중요하게 여기겠나이다. 주어진 일을 하나하나

정성과 시간을 들여서 짜임새 있게 진행하되

사랑으로 여유가 있게 하고

오래 참음으로 내용과 무게가 담긴 일로 섬기겠나이다.

저를 사용하여 전하시는

한 마디, 한 마디 말에

하나님의 능력과 지혜를 주소서!

1999년 1월, 새해를 맞는 기도

◇◇◇◇◇

오전 10시에 김포로 나가면서 택시 운전사가 차분하게
가장 가깝고도 빠른 길로 데려다 주었다.
내가 휴대 전화로 통화를 할 때면 창문을 닫아
소음을 막아 주기도 했다. 얼마나 마음에 드는지.
이렇게 좋은 사람들과 함께 일하면 얼마나 좋을까?
이 반대의 경우를 생각하면 심히 불편하다.
기사는 신 나게, 기분 좋게 나를 공항으로 데려다 주었다. 이
세상에는 이런 좋은 사람들이 나쁜 사람보다
더 많지 않을까? 나부터 이런 사람이 되자.
하나님께, 주변 사람들에게.

있는 자들과 함께 있고 싶고, 가진 자들과 함께 나도 갖고
싶고, 즐거운 자들 안에 있기를 바라는 육의 사람.
가난한 곳에 가기가 괴롭고, 없는 자들 안에 있기가 싫고,
미움과 질투와 싸움이 있는 곳을 피하고 싶은 나.

2001년 3월

◇◇◇◇◇

새벽 4시, 조금 전에 눈을 뜸.
성경 보고 기도하고 그리고 출애굽기 21~29장을 묵상했다.
지금 보니 갑자기 맡겨진 주일 오전 7시 예배 때
설교할 메시지를 준비하라고
깨우신 것 같았다.

친구라 부르신 주님, 감사합니다.
일로 주님을 만나지 않고,
친구로서 사랑함으로 주님께 나아갑니다.
주님, 당신을 사랑합니다.
그리고 말씀대로, 명하신 대로 따르겠나이다.
오늘 메시지를 전할 때 차분하나 정열과 사랑으로,
과장하지 않으며 교만하지 않게 도와주소서!

2001년 9월

◇◇◇◇◇

부모 밑에서, 그리고 혼자서 세상을 살아가노라 익힌 습관,
생각하는 방법 등 몸에 밴 것이
하나님이 기뻐하시는 선택, 생각, 마음으로
하나씩 변화되기에는 긴 시간이 필요할 것이다.
많은 사건들을 통해서야 고쳐질 것이다.
말씀을 읽으며 깨닫고, 일에 부딪쳐 깨닫고,
잘못을 저지른 다음에 회개하고,
이렇게 성령의 인도하심을 오랫동안 받고서야
하나씩 그 모습으로 변해 갈 것이다.
이 과정을 잘 밟아 가기 위하여 말씀을 읽으며 깨닫고,
회개함으로 고치고, 성령의 인도하심에 계속 위탁하고
나아가야 할 것이다.

2001년 10월, 묵상

◇◇◇◇◇

6시에 기상.
네팔 올라바리에서 예배를 드리며 무슨 말씀을 증거할까
꽤나 기도했다. 두어 시간 갈등하다가 결국은
다음 말씀을 정하였다.

또 무리에게 이르시되 아무든지 나를 따라오려거든
자기를 부인하고 날마다 제 십자가를 지고
나를 따를 것이니라(눅 9:23).

꿈꿀 것이 있는 사람은 행복한 사람이다.
네팔의 한 종족이 개종했다는 지역을 중심으로
지도자 양육을 위한 꿈을 꿔 본다. 저들을 모두 모아 BEE로
양육해서, 말씀으로 온전해진 지도자들을 현지로 돌려보내고,
BEE Nepal을 세우고 등등….
생각이 끝없이 이어진다. 얼마나 가슴이 뿌듯하고 기쁜지….
꿈꿀 일이 있는 사람은 행복한 사람이다.
눈을 감아도 이 생각, 눈을 떠도 이 생각.
마치 일본 오사카에 1,000명 교회 비전을 받았을 때처럼,

생각이 끊이지를 않는다.

이렇게 꿈이 펼쳐지지 않는 사역은 참 지루하고
어렵기만 할 것이다. 모든 사역자들이 다 이와 같이
꿈이 있어야 하지 않을까?

예수원의 현재인 사모가 쓴 책처럼
이 꿈이 현실이 되어 가는 과정을 바라볼 일이
펼쳐질 것이다.

이를 이루어 나가는 데 필수 불가결의 요소는
첫째, 이 꿈이 누구로부터 기원한 것인가?
나, 아니면 하나님?
둘째, 반드시 이루어진다는 믿음이 있어야 한다.
'반드시'는 하나님의 것이다.

2001년 10월, 네팔에서

◇◇◇◇◇

5시 기상, 11시 예성 서울교회, 3시 일본어예배,
6시 S 집사님 심방, 저녁 9시 귀가.

하루를 신실하게 살게 하신 주님, 감사합니다.
주님, 제 뜻 가운데 주님이 가장 으뜸이 되시는 삶을 살게
하소서. 제 마음에 여러 생각이 있지만,
주님이 가장 우선이요, 제가 정성 들이는 일이 많지만
그중에 가장 정성 들이는 분이 당신입니다.
목숨 바쳐 일하지만 그중에 제일 제 목숨을 바쳐서 섬길 분은
당신입니다.

2001년 10월, 기도

파도타기. 파도 끝에 타면 모든 것이 잘 보이고 앞으로
돌진하면 스릴이 있다. 그러나 물속에 빠지자마자
파도 뒤를 따라가려면 도저히 힘이 들어서 미치지 못하고,
어렵고, 피곤하며 앞이 안 보인다.
나의 영혼을 지킴도 이와 같다.
하나님과의 신선한 만남.
말씀을 깨닫고 그 감동과 기쁨 속에 하루를 시작한다.
주신 사명이 내 앞에 분명하다.
주님의 역사가 있는 곳이라면 누구라도 섬기겠습니다.
주께서 역사하시는 현장이라면 무슨 일이든지 기쁘게
섬기겠습니다. 어렵더라도 섬기겠습니다.
감사합니다. 찬양합니다.

2002년 4월, 묵상

◇◇◇◇◇

밤새 뒤척거리다 일어난 느낌이다.

오늘 오전에 증거 할 수요예배 말씀 때문인지….

왜 이렇게 회중을 의식하고 나라는 자의 위치와

사람의 기대 등을 의식하는지 모르겠다.

나는 어쩔 수 없는 못난이다.

그럼에도 불구하고

나를 사랑하사 포기하지 않으시는 주님,

오늘도 주의 손에 있음을 감사하며,

이 사랑에 의지하여 새날을 맞이합니다.

이렇게 써 주심을 감사합니다.

2002년 5월

◇◇◇◇◇

어제는 하루 쉬는 날이었다.

그러나 1시부터 선교센터훈련원 입소자들의 면담이 있었고,

2시부터 큐티 촬영을 하고 나서야 쉴 수 있었다.

동생인 화자와 함께 저녁을 먹고 영화를 보고 9시 30분에

집에 돌아오니 도둑이 들어와서 모든 방을 다 뒤져서

현금 얼마를 가져갔다. 두 번째 하나님의 경고.

우리의 재정을 어떻게 쓰고 있는가?

도둑이 든 것에 대한 감사 헌금을 해야겠다.

2002년 5월

◇◇◇◇◇

새벽에 말씀 공부를 하고, 집에 와서 쉬면서 강의 준비를
했다. 할수록 부족한 나를 발견한다.
이런 사람이 대학원생을 가르친다는 것이 무리였다.
그러나 내가 학생들보다 더 많이 공부하게 된 것이
큰 은혜요 축복이다.

오전에 일어 성경공부를 하고,
1시에 GNGL(Good News 사랑의 불꽃) 사람들과
점심을 함께했다. 그리고 집으로 돌아와 강의를 준비하며
내 실력이 심히 부족함을 절감한다.
가르칠 수 없는 미자격자임을 통감한다.
결국은 나를 배우게 하시는 하나님의 섭리다.
억지로 책을 읽게 하시고 생각하게 하시고,
그리고 눈을 뜨게 하신 하나님께 감사드린다.

2002년 5월

◇◇◇◇◇

내 아들들아 이제는 게으르지 말라

여호와께서 이미 너희를 택하사

그 앞에 서서 수종 들어 그를 섬기며

분향하게 하셨느니라(대하 29:11).

수종 드는 자, 섬기는 자, 분향하는 자.

특별히 기도의 향을 주님께 올려 드리는 일에 게을렀음을

지적하신 주님, 지금부터 새벽에 30분 기도로

나아가겠습니다.

나에게 주시는 말씀, 여호와께서 이미 택하셨으니

이제는 게으르지 말라고 하신다.

무엇을 위하여?

첫째, 그분 앞에 서 있기 위하여

둘째, 그분을 수종 들기 위하여

셋째, 그분 앞에서 섬기기 위하여

넷째, 분향하는 일을 위하여다.

지금도 주님 앞에 서 있는 나를 발견합니다.

나는 주님 앞에 서 있는 자입니다.

당신을 바라보며 당신이 명하시는 일을 받들어

섬기기 위하여 지금 주 앞에 서 있습니다.

당신을 수종 들기 위하여, 섬기기 위하여, 여기 있나이다.

당신의 종입니다. 말씀하소서. 행하겠나이다.

주님 앞에 기도하는 자입니다.

분향하는 흉내에 그치지 않고 자신을 위하여,

주의 백성들을 위하여,

열방을 위하여 기도의 분향을 그치지 않겠나이다.

도와주소서.

2002년 9월

◇◇◇◇◇

어제 새벽 BEE 기도모임.

매우 건조하고 은혜가 없어서 진행이 딱딱했다.

선교훈련원을 시작하면서 공동체 생활이니

'솔직성, 투명성, 상호 간의 신뢰'가 필요하다고

강조하지 않았던가.

훈련원의 모습은 어떠해야 하는가?

첫째, 푸근하고 따뜻한 곳, 하나님을 깊이 만날 수 있는 곳,

규정이 없는 가운데 서로가 서로를 지켜 주는 훈련생들의

필요가 중심인 곳이어야 한다.

둘째, 하나님의 임재가 있는 훈련 과정이어야 한다.

셋째, 현지인들을 잘 훈련하여 그들을 지도자로 양육하여

세울 수 있는 훈련이어야 한다.

목표, 수준, 자질이 높은 일꾼을 양육해야 한다.

훈련생들을 섬길 때는 왕처럼 섬겨야 한다. 배우는 그들은

무슨 일을 하더라도 훈련의 일부분으로 여겨야 하며,

우리는 섬기는 자로서 끝까지 헌신해야 할 것이다.

2002년 9월

요즘은 꿈이 번잡하고 자주 깬다.

새벽에 일어나면 몸이 무겁고 신선함과 기쁨과 감동이 없다.

왜 그럴까?

내 안에 있는 우상이 내 생각과 삶에 영향력을 행사하기

때문이다. 내 생각에 사로잡혀 하나님의 약속과 지시를

지키지 못하고, 그것이 올무가 되어 나와 내 삶이 무거워졌다.

우상이 무엇인가? 내가 원하는 것이 우상이다.

당장 내 필요를 채우기 위한 해결책이 바로 우상이 된다.

내 안의 모든 우상을 성령으로 불태우고 제자가 되어야 한다.

그리스도의 제자 된 자라야 그리스도의 증인으로

선교의 사명을 감당할 수 있기 때문이다.

2002년 10월, 일기

◇◇◇◇◇

새벽 4시 19분, 꿈을 하나 주셨다.

C목사와 K목사와 함께 높은 산 벽을 풀을 잡고

기어올라가고 있다. 아래는 아찔할 정도로 점점 높아진다.

두 친구는 어느새 벌써 다 올라가 버렸고 야속한 마음이

들었지만, 그래도 두려운 마음에 도중에서 멈출 수도 없고,

눈을 감고 손에 잡히는 대로 붙잡고 부지런히 정상을 향해

기어올라 갔다.

한참 가다가 눈을 떠 보니 벌써 안전지대에 있었다.

일어서서 암반으로 된 정상으로 겨우 올라갔다.

그곳에 B목사가 이리저리 좋아서 뛰고 있었다.

산 아래를 내려다보니 멀리 바다까지 보이는 참 높은 산이다.

한 소년이 비닐봉지에 물을 넣었는지 그걸 가지고 있다가

정상에서 흘러내리는 물에 던졌다. 봉지가 둥둥 떠내려가는

것을 보면서 '자신을 저렇게 버려야 한다. 눈에서 사라져

바다에 이르기까지 이 산을, 저 계곡을 거쳐서 내려가는

그 봉지가 되어야 한다'고 생각했다.

산 위에서 자신을 버려라! 아무도 모르는 그런 사람으로

살아라! 정상에서 자신을 던져 둥둥 떠내려가면서

사라져 가는 모습을 보면서 자신을 잊어라!

자신을 힘껏 아래로 던지라!

자신이 둥둥 떠내려가면서 눈에서 사라지게 하라.

많은 사람들이 정상에서 다들 구경거리가 좋아서

야단들이었다. 어렵게 올라온 정상이기에 그랬을 것이다.

나를 버리자! 나를 주장하지 말자!

얼굴이 아니다. 속이 좋은 사람이 참 고운 사람이다.

2002년 10월

◇◇◇◇◇

주여, 나를 불쌍히 여기소서. 이 하루에 주님의 인자를 빛내며
나타내게 하소서. 우리의 곤고한 날 수대로, 화를 당한
연수대로, 이제 남은 삶은 기쁜 날들이 되게 하소서.
주의 은총을 베풀어 주셔서 주의 종들이 손으로 행하는
모든 일이 영원히 가치있는 일이 되게 하소서.
내 있는 모습 그대로를 주님이 보고 계신다. 그 실상은
어느 것 하나도 하나님의 수준에 이를 수 없는 함량 미달인
나다. 주여, 제가 나의 삶을 살게 하지 마시고,
당신이 제 삶을 주장하며 살게 하소서. 의로우신 분의 손에
붙들리어 오늘도 의로우신 분의 일을 순종함으로 이루어
나가는 종이 되겠나이다. 그리하여 불의한 종이 의로운
열매를 맺는 가지가 될 줄 믿습니다.
나는 불의하고 타락한 인간입니다. 나를 있는 그대로
의로우신 주님께 드리면 그분의 능력으로 하나님의 거룩한
용처에 쓰임을 받겠고, 하나님이 영광을 받으시는 거룩한
열매가 있을 것을 믿고 찬양합니다.

2002년 12월, 기도

||||||||||

"사람이 이 세상에 태어났다가
자기의 목숨을 투자하여 이루어야 할 목표를 발견하고
이의 성취를 위하여 자신의 전부를 투자할 수 있는 사람은
매우 큰 복을 받은 사람입니다.
'나의 달려갈 길과 주 예수께 받은 사명
곧 하나님의 은혜의 복음을 증언하는 일을 마치려 함에는
나의 생명조차 조금도 귀한 것으로 여기지 아니하노라'(행
20:24)고 했던 사도 바울의 고백과 동일한 고백을 하는
여러분들이 되시길 기도하겠습니다.
그 옛날 조선 땅에 와서 피 흘려 복음을 전한
토머스 선교사가 이제 여러분들의 선배입니다."

「왕의 초대」, 온누리 세계선교센터 예비 선교사들에게

기도에 응답을 받아 본 경험이 있는 사람이라면
누구나 기도를 들어주신 하나님이 어떤 분이시라는
산지식(working knowledge)을 갖게 된다.
하나님의 응답으로 문제가 해결됐을 때,
그 문제가 해결되어서 기쁠 뿐만 아니라
지금까지 귀로 듣고 머리로 상상했던 하나님을 직접 알게
되어 더욱 기쁘고 감동이 넘친다.
찬양과 말씀과 봉사에 더욱 힘이 나고 자원하고자 하는
심령이 생겨서, 어렵고 힘든 일에도 기쁨과 감사가 넘치므로
피곤하지 않고 억지가 없어진다.
그래서 기도는 하나님을 직접 개인적으로 체험할 수 있는
가장 확실하고 쉬운 일이며,
이를 위해 우리는 구하고 두드리고 찾아야 한다.
주님 앞에 별로 구할 것이 없을 때 우리의 신앙은 식어진다.
환경에 부족함이 없을지라도 귀중한 하늘의 보물을 잃고
있는 자신을 발견하고, 몸부림치는 안타까움으로 식어진
자신을 깨워 일으켜야 한다.
가정과 직장 생활이 모두 편안하고,

교회 생활도 매주 지키면서 헌금도 빠지지 않고,

그럼에도 찬송할 때 감동이 없고,

기도를 드려도 말뿐이지

마음에서 우러나는 감사가 없고,

말씀을 읽고 설교를 들으나 우리의 전신을 움직이는

감동이 없다면 우리는 어찌할꼬 하며

주님께 부르짖어야 한다.

어떤 이는 절실함이 결여된 기도는

하나님의 마음에 감동을 줄 수 없다고 썼다.

우리의 마음이 갈급하고 애타며

오직 주님만을 바라는 절실함이 없다면

열심으로 기도를 드려도 공허한 것이다.

밤중에 찾아와 떡 세 덩어리를 구하는 친구의 간청에

밤이 늦어 잠자리에 들었다가도 응하지 않겠느냐는 말씀은,

주기도문과 "구하라 그러면 너희에게 주실 것이요 찾으라

그러면 찾아낼 것이요 문을 두드리라 그러면 너희에게 열릴

것이니"(눅 11:9) 라는 말씀 사이에 삽입된 예화다.

"이렇게 기도하라"고 가르치신 말씀과 응답을 약속하신

말씀의 중간에 이 예화를 주신 뜻은 기도하는 자의 마음이

절박하고 간절해야 함을 보여 주시는 것이다.

오직 주님만이 유일하신 도움이요,
그분만이 떡을 가지신 분임을 믿고,
얻기까지 구하는 열심과 인내가 있을 때
주님은 반드시 얻고 찾고 열리게 하신다.

칼럼집 「살아계신 하나님」에서

1999년 일본 오사카
두란노 설립 때
(왼쪽이 고 하용조 목사)

베이징에서 북한으로 보낼
옥수수 박스들 (오른쪽이
온누리교회 박종길 목사)

온누리 세계선교센터
개원을 준비하며,
고 대천덕 신부님
부부와 함께

평양에서 비밀리에
북한 청년들에게
세례를 베푸는
김사무엘 선교사

1991년 12월 10일 (수)

아침 한국에서 KAL을 타고 Wash.으로 直行, 기분 홀가분 하며 좋은 기분에 되었다가 3P.m.에 Georgetown Univ. 병원에 담당의사를 만났음. 서울에서의 자료를 확인 동일한 진단을 비롯하며 (동일했었음) 내일부터 치료에 들어 가기로 입원하다.

의사 내린 사실상 病名은 Multiple Myeloma로 75기 이상에 사람들에 걸린다는 나타나는 질환으로 10만명중 세명꼴이라고 한다.

15기 43개월로 새병이 여러가지 차원보는 받으리 않으며 1974년 ...... 내 돌봄을 넘겨 가리라고

이게 여러가지 생각이 지나갔다. 나 정리를 생명영수가 ...... 같은 하나님과 그들을 ...... 나 내게 ...... 이었으며 이웃에 ...... 주님도 이 위기를 이웃에 (...... 마나섰다).

"나의 간절한 기대와 소망을 따라 아무일에도 부끄러워하지 아니하고 전과 같이 이제도 온전히 담대하여 살든지 죽든지 내 몸에서 그리스도가 존귀히 되게 하려 하나니 ...... 나는 ...... I eagerly expect and hope that I will in no way be ashamed, but will have sufficient courage so that now as always Christ will be exalted in my body, whether by life or by death.
(21) For to me, to live is Christ and to die is gain.
(22) 그러나 만일 육신으로 사는 것이 내 일의 열매일진대 무엇을 가릴는지 나는 알지 못하노라

If I am to go on living in the body, this will mean fruitful labor for me. Yet what shall I choose? I do not know!

4. 목숨도 아낌없이

고난의
끝에서도
신실하게
섬깁니다

◇◇◇◇◇

이 땅에 할 일이 많고, 가야 할 길이 많습니다.
내 능력에 넘치는 일입니다만 믿음으로 합니다.
힘겹지만 나에게 주신 일이므로 생명을 다하여 섬깁니다.
그래서 살길이 있나 봅니다.
분에 넘치고 실력에 넘치는 일을 주신 주님, 감사합니다!

2002년 1월, 기도

IIIIIIIII

"선교는 죽음을 각오하는 것이다.
내 신학이나 교육이나 인품을 세우는 일이 아니고
예수 그리스도를 살아 계신 분으로 전하는 데 쓰이는
씨앗으로 보냄 받은 것이기에
'죽음'이 선교의 첫째요, 전부다."

「왕의 초대」에서

율법을 자랑하는 네가 율법을 범함으로
하나님을 욕되게 하느냐(롬 2:23).

성경 말씀을 가르치고 권고하며 말씀으로 살아야 하는
내가 말씀대로 살지 않을 때,
그것은 하나님을 욕되게 하는 일이 된다.

주님, 양심의 법으로 입의 옳고 그름을 아는 것처럼,
율법은 하나님의 양심이오니 그 법에 따라 자신을 제어하고
훈련하며 절도 있는 삶을 살게 하소서.
율법을 듣는 자가 아니라 행하는 자가 되게 하소서.
깨닫게 하소서.
알게 하소서.
오늘도 주의 법을 내 발에 등불로 삼아
이 하루를 살게 하소서.

2003년 1월

◇◇◇◇◇

성에 대한 집요한 갈망이 있다.

목마른 자가 물이 있는 곳을 찾듯,

성에 관한 읽을거리, 볼거리를 찾고 있는 나를 본다.

집회를 위해 다니는 중에도 음욕이 일어나는 순간이 있고,

꿈속에서 음란한 장면을 즐긴 적도 있다.

하나님께서 꿈을 통해 계시를 주시듯,

사탄도 꿈을 이용해 우리를 괴롭히고 유혹하는 것이다.

음란한 꿈과 생각들이 맹렬한 사탄의 공격인 것을 깨닫고,

그 정체가 드러남에 감사했지만 싸움은 계속되고 있다.

새벽기도를 쉬면서 몸이 편하다고 생각하는 순간,

말씀에 집중하지 못하고 나태해진 순간,

사탄의 공격이 시작된다.

주여! 이것을 어떻게 끊어 버릴 수 있을까요?

이 더럽고 추한 욕망을

어떻게 하면 영원히 떨쳐 버릴 수 있을까요?

2003년 1월, 묵상

그와 같이 남자들도 순리대로 여자 쓰기를 버리고
서로 향하여 음욕이 불 일듯 하매
남자가 남자와 더불어 부끄러운 일을 행하여
그들의 그릇됨에 상당한 보응을 그들 자신이 받았느니라
또한 그들이 마음에 하나님 두기를 싫어하매
하나님께서 그들을 그 상실한 마음대로 내버려 두사
합당하지 못한 일을 하게 하셨으니(롬 1:27~28).

영적인 할례는 마음을 찢고 통회하는 회개가 있어야 한다.
성령으로 말미암아 마음에 할례를 받는 것이요,
의문에 있는 것이 아니다. 영적인 할례를 받은 자로서
율법을 범하고 죄를 지을 때마다 통회 자복하며
마음을 찢어야 한다.
합당하지 못한 일과 생각까지도 모두 버리자.
사소한 법과 규칙이라도 하나님께서 주신 질서에 순종할 때
사람에게서가 아니라 하나님께 칭찬받는 자가 될 것이다.
성에 대한 잘못된 생각을 회개하며 성령이 주시는 할례로
깨끗게 되기를 기도드린다.

이제는 보지도 말고 만지지도 말고,
천국 가는 그날까지 혹시 넘어질까 두려워하며
생각으로도 접근하지 말자.
주여, 연약한 저를 도와주소서. 지켜 주소서!

2003년 1월, 묵상

그가 죽으심은 죄에 대하여 단번에 죽으심이요

그가 살아 계심은 하나님께 대하여 살아 계심이니

이와 같이 너희도 너희 자신을 죄에 대하여는 죽은 자요

그리스도 예수 안에서 하나님께 대하여는 살아 있는 자로

여길지어다(롬 6:10~11).

예수 그리스도의 죽으심은 죄에 대하여 죽으심이니,

창세 이후로 지금까지 지은 모든 죄에 대한 속죄요,

이후로 말세가 이를 때까지 지을 모든 인류의 죄를 대신하신

죽음이었다. 그러기에 죄의 지배는 끝났다.

죄의 시대는 지나갔다.

그가 살아 계심은 하나님께 대하여 살아 계심이니

하나님의 시대를 선포함이요, 죽었던 자가 다시 살아나

하나님의 다스림 속에서 영원히 살 수 있는 시대를 선포한다.

하나님의 통치를, 하나님의 나라가 임한 것을 선포하신다.

주님, 저에게서 죄의 지배와 세력은 영원히 물러갔습니다.

이제 하나님 앞에 산 자로 하나님께서 나를 다스리시며

그리스도의 권세가 저를 거룩하게 하십니다.

죄의 생각과 유혹에 저를 주지 않고,

주님의 종이기에 주님께 저를 드립니다.

하나님의 의와 법을 따르며 하나님의 뜻을 이루는 도구로

종의 몸과 마음과 영혼을 드립니다.

주님의 통치 권세가 확연히 드러나도록 종을 사용하소서.

2003년 1월, 뉴저지 만나교회

많은 사람이 모여도 찬양은 있지만 임재는 느껴지지 않고,
설교는 있지만 감동이 없는 예배가 있다.
단 몇 명이 모여 드리는 예배라도 각 사람이 하나님을
찬양하고, 각 사람이 하나님을 높이며 감사를 드리는
감동의 예배가 있다.
신령과 진정으로 드리는 예배,
아버지께서 기뻐 받으시는 예배는 무엇인가?
교회당에 사람이 가득하여 차고 넘칠지라도 사람들을 위한,
사람들이 만든, 사람들의 집회라면 예배는 아니다.
한 사람이 예배에 참석했더라도 그와 목사와 인도자가
하나님 앞에 진실하게 한 영으로 예배를 드린다면
하나님이 기뻐 받으시고 사람에게도 은혜와 감동이 넘치는
예배가 될 것이다.
교회의 빈자리를 채워 달라는 기도보다 각자의 심령 속에
살아 계신 하나님의 임재를 채워 달라고 기도해야 한다.
예배드리는 각자가 이 임재의 은총으로 가득 차고 넘치게
되면, 그들의 변화와 기쁨과 축복을 보고
가족과 이웃이 함께 교회로 찾아올 것이다.

말씀을 전하는 자로서 한 사람을 대상으로
예배를 인도한다 해도, 그 사람을 하나님께 인도하는 것이
목적이 아니라 내가 하나님 앞에 신령과 진정으로 예배를
드리는 것이 목적이다. 내가 하나님 앞에 예배할 때
그 자리에 모인 이들을 어떻게 인도하실지는 하나님께서
책임지신다.

2003년 1월, 묵상

혹 네가 하나님의 인자하심이 너를 인도하여

회개하게 하심을 알지 못하여

그의 인자하심과 용납하심과 길이 참으심이

풍성함을 멸시하느냐(롬 2:4).

하나님은 인자하심, 길이 참으심, 용납하심으로

죄인이 회개하고 돌아오기를 기다리신다.

그러나 종말에는 하나님의 분노와 환란과 곤고가 기다리고

있다. 그리스도인이라고 해서 적당히 봐주거나 하시지 않고,

행한 그대로 하나님께서는 진리를 따라 보응하고 평가하실

것이다.

나는 과연 영광과 존귀와 영원한 것을 위하여

선을 행하고 있는가?

나의 영광을 위하여 곧 하나님 앞에 무게 있는 사람이 되기

위하여 이 말과 이 행동을 하고 있지는 않은가?

나의 존귀를 위하여 곧 하나님께 명예로운 자,

이름 있는 자가 되기 위해서 이 말을, 이 행동을 하고

있지는 않은가? 영원한 것은 하나님이 인정하시는 것이다.

하늘나라에 기록될 것을 위하여 이 일을 하고 있는가?
하나님 앞에 애정과 존귀, 영원한 인정을 받을 수 있는 말과
행동으로 오늘 하루를 살겠습니다. 도와주소서!

2003년 1월, 묵상

◇◇◇◇◇

하나님 말씀 앞에서는 이론이나 변명, 핑계가 있을 수 없다.
오직 듣고, 하나님의 뜻이 무엇인지 그대로 행하며,
하나님 앞에 보고할 책임과 의무만이 있을 뿐이다.

주님, 참으로 죄인이오나 하나님 앞에 책임 있는 자로 살
은혜를 주신 것을 감사드립니다.
오직 나의 이론이나 생각을 잠잠하게 하고 주님의 말씀을
들으며 이를 따라 살겠나이다. 악한 생각들이 빈번하게 내
마음을 더럽히며 이를 또 즐기려는 육신이 있으나,
주님이 구원의 은총을 베풀어 건져 주셨으니 감사합니다.
위만 바라보고 은혜 속에 계속 살겠나이다.
땅의 생각은 줄이고 위에서 주는 거룩한 말씀으로만
살겠나이다. 은혜로 구원을 받고 그 마음에 하나님의
말씀으로 채우소서! 거룩한 삶의 열매가 있게 하소서.

2003년 1월, 기도

◇◇◇◇◇

사람아 주께서 선한 것이 무엇임을 네게 보이셨나니
여호와께서 네게 구하시는 것은 오직 정의를 행하며
인자를 사랑하며 겸손하게 네 하나님과 함께 행하는 것이
아니냐(미 6:8).

산들과 쟁론하시는 하나님,
지나간 고통을 생각하면 자식을 번제로 드려도
부족한 하나님의 은혜다.
이제 세 가지를 나에게 구하신다.
정의를 행하고, 인자를 사랑하며,
겸손하게 하나님과 행하는 것이다.

아버지 하나님,
주께서 종에게 베푸신 은혜를 후지산이 지켜보았습니다.
백두산이 지켜보았고, 남산이 지켜봅니다.
지난 25년의 역사를 이 산들이 증거 합니다.
주께 빚진 자입니다.

여호와의 입장에서 공평하며, 인자를 사랑하고,
하나님과 겸손하게 동행하는 것을 저에게 구하시오니
주님, 기억하겠습니다.
의리를 지키는 자가 되겠습니다.

2003년 2월, 묵상과 기도

◇◇◇◇◇

내가 또 이르노니 야곱의 우두머리들과
이스라엘 족속의 통치자들아 들으라
정의를 아는 것이 너희의 본분이 아니냐(미 3:1).

목사, 지도자, 선교사로서 나의 본분을 어떻게 행하였는가?
내 마음에 들고 내게 이익과 만족을 주면
평화와 은혜와 축복을 선포하고,
내 마음에 들지 않으면
재앙과 전쟁을 선포하지 않았는가?
하나님의 공의, 하나님의 정의를 알고
그것을 행하는 것이 나의 본분인데
아직도 내 생각과 내 이익에 따라 판단하는 잘못이 있다.
무엇을 보든지, 누구를 보든지 하나님의 입장에서,
하나님이 보시는 눈으로 분별하고 판단해야 한다.
내 마음에 안 들어도
하나님이 보시기에 좋은 일이면 축복을,
내 눈에 가엾고 불쌍해도
하나님이 싫어하시면 재앙을 선포하라.

그것이 상대를 위하는 것이고
죽어 가는 이들을 살리는 방법이다.

주님, 나의 판단과 뜻대로 살아왔음을 고백합니다.
주님의 눈으로 사물과 사람을 보게 하시고,
주님의 정의로 살게 하소서.

2003년 2월, 묵상

◇◇◇◇◇

> 먹는 자는 먹지 않는 자를 업신여기지 말고
> 먹지 않는 자는 먹는 자를 비판하지 말라
> 이는 하나님이 그를 받으셨음이라(롬 14:3).

남을 비판하고 판단하는 일을 이제 그쳐야겠다.
남의 믿음이 의식적이고, 다른 목회자들의 행동이
허례허식으로 보일 때 맹렬하게 꼬집고 비판했던 것을
즐기지 말자.
비판치 말고 주 앞에 나 자신이나 올바르게 살자.
살아도 주를 위해 살고, 죽어도 주를 위해 살자.
남의 부족함이나 그릇된 것을 보았을 때 우선 나를 돌아보아
스스로를 점검하고 절대 비판하지 말자.
주께서 모든 사람의 주가 되어 저들을 다스리고
인도 하시오니, 비판과 판단을 버리고 오히려 저들을 위한
중보자가 되게 하소서.

2003년 2월, 묵상

◇◇◇◇◇

> 믿음이 강한 우리는 마땅히 믿음이 약한 자의 약점을
> 담당하고 자기를 기쁘게 하지 아니할 것이라(롬 15:1).

잘 서 있는 자, 순종하는 자, 마음에 드는 자를 더 선호하고
늘 가까이 지낸 반면, 불순종하고 내 마음에 혐오하는 자는
경원했던 자신을 발견합니다.
내가 도와주어서 기쁜 자들은 더 돕고,
그렇지 않은 자들은 멀리했던 것을 회개합니다.
연약한 자들의 실패들을 돌보고 비방을 받는다 할지라도
인내와 하나님의 안위로 이 일을 계속하겠습니다.
주님의 본을 받아 비방과 모욕을 받을지라도 인내하며,
하나님의 안위로 이웃의 선을 위하여,
덕을 위하여 섬기며 살아가는 종이 되겠습니다.
사업에 실패한 자, 인생에 실패한 자를 돕고
그들을 세워 줄 수 있는 종이 되겠나이다.
주여, 도와주소서.

2003년 2월, 기도

◇◇◇◇◇

오직 나는 여호와를 우러러보며
나를 구원하시는 하나님을 바라보나니
나의 하나님이 나에게 귀를 기울이시리로다(미 7:7).

사회와 나라가 그리고 온 지구촌이 타락하여 범죄할지라도
나는 여호와를 바라보리라.
빛으로 다스릴 거룩한 나라가 임하나니!
그 소망이 있으매 오늘도 감사하며,
믿음으로 찬송하며 하루를 보내리라.
주위에 선한 사람이 하나도 없을지라도
구원의 하나님이 계시니 당신만을 믿고
오늘도 주님께 인정받는 자로 살아가기를 소원합니다.
모든 것을 보고 계시는 주님 앞에
정직하고 성실한 자가 되게 하소서.

2003년 2월, 기도

어제 온누리교회 선교훈련원 2기생 14명을 새벽 큐티
시간에 처음 만났다. 그들의 신앙 간증과 소명을 받고
입소하기까지의 과정을 읽어 보니 참 귀한 일꾼들임을
알게 되었다.
이들을 섬겨 4개월을 함께 보낼 수 있음이 복이다.
훈련원에 도착하니, 드디어 여행이 끝났구나 하는 마음이
들고 차분해진다. 그리고 여유가 생긴다.
새벽 3시경에 깨서 그날의 준비와 큐티를 마치고
6시에 훈련생들과 함께 큐티로 하루를 시작한다.
이번 주에 존과 베티의 강의와 나눔이 있다.
스태프들과 회의를 하고 그동안의 업무 보고를 받았다.
신실한 일꾼들이다. 업무에 부족함이 있어도
그 사람들은 사랑하고 존경해야지.
저녁 7시 30분 강의 시간에 들어가 참석했으나
어찌나 졸리던지 잠을 이기지 못하여 8시경에 방으로 돌아와
잤다. GNGL의 이 장로님, 에젤의 홍정희 집사님 등
귀한 분들의 전화가 왔다.
여유 있게, 그리고 사랑으로 이들을 섬기며 한 가지 한

가지 사역을 즐기며 기뻐하며 감사하게 섬기는 사람이

되겠나이다. 존을 위해서 100일 동안 아침마다 기억하고

주님께 당부하는 기도를, 중보기도할 것을 마음에 결심한다.

주님, 다시 한번 저희 부부에게 말씀하여 주소서.

그리하면 알겠나이다.

이제 다시 4년 동안 훈련원을 섬기며,

북한에 기지를 개척하며,

온누리교회를 섬기는 사역입니다.

제가 고치거나 더 노력해야 할 것이 무엇일까요?

어떤 마음가짐으로 시작할까요?

4년 동안 다시 있어도 좋겠습니까?

2003년 3월

◇◇◇◇◇

새벽 4시에 잠에서 깨었다.

목이 붓고 콧물이 나는 등 몸이 개운치 않다.

그래서 그냥 누웠다가 하용조 목사님을 꿈에서 보았다.

내가 맡고 있는 일에 대하여 여러 가지 질문을 하신다.

그리고 맘에 의구심이 있으신 것 같다.

그래서 "제가 8월 말로 그만둘게요" 라고 하니, 그 말에는

아무 대답이 없으시고 계속해서 이것저것을 지적하셨다.

그러고는 곧 다른 리더들과 함께 저녁 식사를 할 터인데

더 의논할 일이 있으면 그 자리에 참석하라고 하신다.

나를 별로 탐탁지 않게 여기며 떠나는 장면을 꿈으로 보았다.

일어나서 생각하니 별로 유쾌하지 않다. 다시 생각하니 내가

얼마나 교만한지가 보였다. 언제든지 그만둘 수 있다는 생각,

참으로 위험천만한 생각이다. 하 목사님이 주님이라면?

내 위에 내가 맡은 일을 감독하는 상관으로 주님이

세우셨으니 주께 대하듯 충실하고 성실하게 하자.

회개합니다. 부족한 종입니다.

2003년 7월, 일기

◇◇◇◇◇

나를 늘 겸손하게 낮추며
부족함을 알도록 유지하게 하는 은인이
하용조 목사님이다.
그의 직언을 들으며 그와는 비교할 수 없기에
때로는 기분이 나빴지만,
그러나 하나님이 주신 고마운 가시다.

2003년 7월

> 내가 그리스도 안에서 참말을 하고 거짓말을 아니하노라
>
> 나에게 큰 근심이 있는 것과
>
> 마음에 그치지 않는 고통이 있는 것을
>
> 내 양심이 성령 안에서 나와 더불어 증언하노니
>
> 나의 형제 곧 골육의 친척을 위하여
>
> 내 자신이 저주를 받아 그리스도에게서 끊어질지라도
>
> 원하는 바로라(롬 9:1~3).

바울이 품고 있는 슬픔과 고통을 본다.
민족 구원을 위한, 이처럼 명확한 아픔이
나에게도 있어야 한다.

주님, 저를 북한을 위하여
마지막으로 주신 사명을 감당해야 할 종으로 삼으셨는데,
그들을 위한 마음의 슬픔과 고통이 저에게는 없습니다.
이렇게 냉랭한 종을 어떻게 쓰시겠습니까?
주변에 믿지 않는 사람들이 그렇게도 많은데
영혼을 불쌍히 여기는 마음이 없으니 어찌하오리까?

영혼을 불쌍히 여기는 마음의 슬픔과 고통을 주시옵소서.
바울처럼 그렇게 찢어지게 아픈 마음으로 살아 보고
싶습니다. 믿으면 구원받는 이 놀라운 복을 알지 못하고
신음하는 백성들을 긍휼히 여기는 마음을 제게
회복해 주소서.
아버지! 제 마음이 굳어졌습니다.
성찬 포도주 사건을 통해 중국을 위한
마음이 냉랭함을 알게 하신 주님,
말씀으로 일본을 위한 마음이 냉랭해졌음을 지적하시고
새롭게 해 주신 주님,
이제 북한을 위해서도 이 은혜를 주소서.
나에게는 선한 것이 없습니다.

2003년 1월, 묵상

사실 김사무엘 선교사는 일본 선교 시절부터
중국과 북한 선교를 위한 부르심을 받았다.
남편은 주로 중국과 북한 선교를 위해 현지에서
효율적인 선교 전략을 짜거나 선교사를 훈련해 파송했다.
구호 단체 책임자로 경제 지원을 위해
북한에 몇 번 들어가곤 했지만 그때마다 북한 사람들에게
대놓고 복음을 전하지 못한 것을 늘 안타까워했다.
남편은 언제라도 하나님이 부르시면,
북한에 갈 준비가 되어 있는 사람이었다.
그는 늘 이렇게 말했다.
"하나님이 자신의 아들을 죽이면서까지 북한 주민들을
구하시려 했던 것을 꼭 알려 줘야 해."
그때부터 북한 선교에 대한 막중한 책임감은
항상 그를 무겁게 짓눌렀고, 북한에서 돌아오면 집에
들르기도 전에 기도원으로 직행해 북한 선교를 위해
금식 기도를 하곤 했다.
그러던 어느 날 하나님께서는 남편에게 이라크로 가라고
말씀하셨다. 남편은 하나님께 여쭤 보았다.

"하나님, 그럼 북한으로의 부르심은 어떻게 되는 겁니까?
그럼 저는 북한을 잊어버리고 바그다드로 가는 겁니까?
저는 올해 62세입니다."
그러자 주님의 음성이 들려왔다.
"북한 땅은 닫혀 있다. 이라크가 열렸으니
지금 그 땅으로 가라. 그것이 북한 땅이 열릴 때까지
잠시 동안 너에게 주어진 사역이다."
최종 목적지인 북한 선교가 아직 남았기에
그는 할 일이 많은 사람이었다.
그러나 남편은 자신도 모르는 사이,
이제 그 오랜 선교의 여정에 마침표를 찍으려 하고 있었다.

「왕의 초대」에서

189

|||||||||

2003년 9월 20일, 아침 6시에 암만을 출발.
이라크인 무스토파가 운전을 했다.
여러 사람으로부터 강도의 위험에 대한 이야기를 듣고
2만 달러 가까운 선교비를 내 운동화 깔창에,
전도사님 구두 깔창과 책의 갈피갈피에 분산시켰다.
암만에서 산 식료품과 물을 싣고 기도한 후 출발.
10시 반경 국경에 도착, 운전사 무스토파의 기지와
민첩함으로 잽싸게 움직여서 한 시간 정도 단축하여
입국 수속을 마치고 통과했다.
미군들이 이라크 국경 초소에 높이 서서 경계하고 있는
모습이 인상적이다.
암만에서 국경까지 400km, 국경에서 바그다드까지
600km의 여정을 쉬지 않고 시속 120~130km로 질주했다.
그 노정에 강도의 출몰이 빈번하다고 하니
불안과 위험이 따르는 여행이었다.
오후 4시가 넘어 바그다드 접경에 들어서니 마음이 놓인다.
5시경 숙소에 도착하여 전도사님과 감사 기도를 드렸다.
"주님, 이렇게 보호하시고 인도하심으로

필요한 일들을 하게 하시니 감사합니다.
부족한 저희를 위하여 중보하고 있는 모든 지체들을
축복하소서."

「왕의 초대」에서

◇◇◇◇◇◇

비록 우리가 계획을 세우고 이를 행하고자

발걸음을 옮겼으나 주께서 이루심을 경험했다.

어제 주일 아침 9시쯤 그냥 사람들을 만나러

노 목사와 함께 바그다드 장로교회를 찾아갔다.

9시 20분경에 도착했는데 사람들이 하나, 둘씩

교회에 모이기 시작했다. 무슨 모임이 있겠거니 했는데

알고 보니 9시 30분부터 예배가 시작되어

모이는 거라고 했다.

나는 충격을 받았다.

마침 통역해 주는 형제와 자매가 있어서

설교와 내용까지도 자세히 이해할 수 있었다. 놀랍다!

하나님의 계획이 얼마나 놀라우신가!

예배를 마치고 총무인 싸밀과 운영위원들,

네슈안 목사 등 모든 중직들과 한자리에서 자연스럽게 만나

교제를 나누었다.

5시에 예배를 시작하는 C&MA 얼라이언스 교회를 찾아

김찬호 집사의 안내로 간신히 시간에 맞추어 도착,

사람들이 온 교회에 가득하다.

열기와 기도와 부흥이 넘치는 교회,

이런 교회가 있다니 믿어지지 않았다.

예배 후에 우리가 빌릴 수 있는 집을 보았다.

작은 집은 당장 빌려 수리해야 하고, 그 앞의 큰 집은

연 2만 달러니 너무 비싸다. 다시 기도하고 정해야겠다.

그곳에서 한 형제의 도움으로 장로교회로 와서

몽파르 위원장을 만났다.

첫 대면이나 좋은 사람임을 알 수 있었다.

수요일 점심 식사에 초대했다.

이 모든 것을 쉽게 풀리게 하신 주님의 역사하심이 있었다.

주께서 미리미리 손을 써 놓으신 것을 찬양합니다.

2003년 9월, 이라크 바그다드

◇◇◇◇◇

2003년 10월 10일,
바그다드에서 주님을 예배하는 첫 주일이 시작된다.
나와 동역자들 8명만 모인다 해도 참예배가 되며,
진실로 은혜가 넘치고, 성찬을 나누며
하나님께 드리는 예물의 예배가 될 것이다.

2003년 9월, 암만 Holiday Inn

우리는 교회를 개척하거나 만들기 위하여

이곳에 온 것이 아니고, 우리가 '교회'가 되기 위하여 왔다.

사람의 숫자가 중요한 것이 아니다.

우리 8명 모두가 교회가 되고,

이 생명 공동체 안에서

각자의 역할을 훌륭히 감당해야 한다.

나는 이 교회의 지체로서, 진정한 교회가 될 것이다.

모델 교회로서 이웃을 섬기는,

참교회의 모습을 나타낼 것이다.

예배 팀원들이 머물 숙소는,

7월 온누리교회 아웃리치 비전 헌금으로 받은

8,300달러를 전달해 드렸던

이라크의 젊은 목사님이 친절히 안내해 준 덕택에

비교적 손쉽게 구할 수 있었다.

드디어 10월 10일!

바그다드에 첫 개척 교회인 '이라크 한인연합교회'가 문을

열었다. 한국인 20명, 이라크인 20명, 모두 40명이 모여

주님의 몸 된 교회가 세워졌다.

죽음의 땅 이라크에

살아 있는 찬양이 흐르기 시작했다.

전쟁으로 살벌한 이라크에서

울려 퍼지는 찬양은 단순히 노래가 아니라

바로 하나님께서 보여 주시는

생생한 은혜와 역사였다.

오, 주님! 감사합니다! 감사합니다!!

2003년 10월 10일, 바그다드

◇◇◇◇◇

밤에는 너무 덥고, 길 건너 집 발전기 돌리는 소리와
돌아누울 때마다 나를 깨워 놓는 허리 근육통 때문에
편안히 잠을 잘 수가 없다. 새벽에 옥상에 올라가
사방이 탁 트인 시원한 미풍이 있는 곳에 있으니 몸이 식고,
머리까지 시원해지는 것 같다. 이슬람 사원이 멀리서
잠을 덜 깬 듯한 기도 소리를 발하지만, 한 조각의 시원한
바람이 얼마나 상쾌한지. 거기에다 어제 사다 준 건전지로
밝히는 등이 있어서 촛불의 그을음과 싸우던
새벽과는 비교할 수 없는 청결함이 있다.
형광등의 밝은 불빛으로 성경을 비추며 읽기 시작하니
이것도 천국의 한 삶이다.
오늘 설교할 내용에 가닥이 잡혔다.

> 욥이 대답하여 이르되 너희가 내 마음을 괴롭히며
> 말로 나를 짓부수기를 어느 때까지 하겠느냐(욥 19:1~2).

욥의 탄식과 독백과 간구를 읽으며 또 다른 분의 고통이
생각난다. 예수님이 고난의 현장에서 겪으신 고통이다.

욥이 겪은 고난은 내가 겪어야 할 고난을 주님이 대신 지시고
토해 놓은 고백으로 들린다. 나를 위하여 이렇게 고통을
겪으셨던 주님. 인간의 인내에 한계가 있고 육신의 고통은
참을 수 없을 만큼 혹독한데 이를 겪어야 하는 욥을 보면서,
하나님이 나를 사랑하사 자기의 아들을 이런 고통 속에 내어
보내 주신 섭리를 다시 되새겨 본다.
나는 남을 위하여, 사랑하라고 주신 이웃을 위하여
고통을 받아 본 적이 있는가?
내 남은 삶에 고통 당하는 일이 있을 때마다
이웃의 절규를 기억하고,
주님이 날 위하여 치르신 고난과 비교하며
어려움의 때를 인내로 이겨 나가자.
날 위하여 고난 받으신 주님,
나를 연단하기 위하여 찾아오는 고난을 감사함으로 받아
주께 영광 돌리는 종이 되게 하소서.

2003년 10월, 묵상

◇◇◇◇◇

속옷이 흥건히 젖도록 더운 밤이다.

쑤시고 아픈 허리를 이리저리 뒤척이면서 아프지 않는
자세로 몸을 뉘이고 눈을 붙이면 깊은 잠으로 들어간다.
자다가 몸을 움직이면 다시 아프고,
그리고 뒤척이다가 잠이 들고 하기를 거듭한다.
도저히 더 이상 누울 수가 없어서 자리를 털고
조심스럽게 일어나 한 모금 물을 마시고 옥상으로 올라오니
그렇게 시원할 수가 없다.
주님의 십자가 고통을 되새겨 본다.
또 바울의 고난을 기억하면서 이 더위도, 이만한 통증도
그와는 비교할 것이 못 되기에 감사가 절로 나온다.
어제는 C&MA 얼라이언스 교회에서 설교했다.
누가복음 4장의 말씀이 어찌 그리도 생생하게
살아 있는지….

2003년 10월, 묵상

어제 저녁에는 오원과 경희 자매가 핫팩으로
땀을 흘리며 정성을 다해 아픈 허리 부분을 만져 주어서
훨씬 부드러웠다.
그래서 바닥에 요를 깔고 쉽게 잘 수 있으리라고 기대를
했는데 한 시간쯤 누웠다가 심하게 쑤시고 당기고 아파서
일어나고 말았다. 일어설 때 비명과 신음을 몇 번이나 냈는지
모른다. 여태까지 소리 지른 어느 때보다 더 아팠다.
한 시간 동안 옥상에서 몸과 아픔을 식히고 다시 침대 위에
누웠는데 스르르 잠이 들었다. 무슨 꿈인지 명백한 이미지를
느끼며 깨서 일어나 보니 새벽 3시였다.
이처럼 정확하게 깨우시는 주님이 감사했다.
전등과 성경을 챙겨서 옥상으로 가는 길에
오늘 예배 때 전할 설교 말씀을 주셨다.

> 그러므로 형제들아 내가 하나님의 모든 자비하심으로
> 너희를 권하노니 너희 몸을 하나님이 기뻐하시는
> 거룩한 산 제물로 드리라
> 이는 너희가 드릴 영적 예배니라

너희는 이 세대를 본받지 말고

오직 마음을 새롭게 함으로 변화를 받아

하나님의 선하시고 기뻐하시고 온전하신 뜻이 무엇인지

분별하도록 하라 내게 주신 은혜로 말미암아

너희 각 사람에게 말하노니 마땅히 생각할

그 이상의 생각을 품지 말고

오직 하나님께서 각 사람에게 나누어 주신

믿음의 분량대로 지혜롭게 생각하라(롬 12:1~3).

영적 예배에 대한 말씀이다.

하나님의 뜻을 아는 것이 곧 예배임을

다시 알게 하셨다.

개척 이후 예배에 관한 말씀을 증거 하게 하시는

주님을 찬양합니다.

2003년 10월, 묵상

◇◇◇◇◇

수아 사람 빌닷이 대답하여 이르되

너희가 어느 때에 가서 말의 끝을 맺겠느냐 깨달으라

그 후에야 우리가 말하리라 (욥 18:1~2).

욥의 반박을 연설로 들으며 그가 정신을 차려야

이야기가 통할 것이라고 말하는 빌닷이다.

그의 반박은 그의 마음속에 있는 분노를 욥에게 감정으로

쏟은 것이다. 악한 자들이 받아 마땅한 저주를 그의 생각으로

풀어 기술함으로 욥이 이런 벌을 받아 마땅하다고,

그의 생각을 드러내고 있다.

나는 언제 사람들의 이야기를 연설로 듣는가?

그리고 저 사람이 언제 정신을 차릴까 하고 마음속에

판단하는가? 그리고 내 마음속에 미워하며 벌을 받아

마땅한 것으로 이야기할 때는 없었던가?

사람의 사정을 깊이 알기 전에 내 마음의 판단으로

상대방을 정죄하고 가늠한 것이 엄청난 오만을 가져올 수

있음을 발견한다.

아무리 곱지 않은 말을 하고, 비뚤어진 행동을 하더라도

내 마음으로 최종 판단을 하지 말아야겠다.
"주님은 그를 어떻게 보실까?"라며
한 걸음 멈추어 생각하는 여유를 갖자.

덕이 있는 자,
그 마음에 은혜와 여유가 있는 자 되게 하소서.

2003년 10월, 묵상

자존감이 우리 모두에게 얼마나 중요한지.
죄로 말미암아 무너져 버린 자존감을 주께서 하나님 앞과
사람들 앞과 사탄 앞에서 회복하고 계심을 찬양합니다.
욥은 그가 가장 비천하게 여기던 자들로부터
말로 다 할 수 없는 능욕과 모멸을 당한다.
그리고 하나님에게서도 버림을 당하매
"하나님이 나를 진흙 가운데 던지셨고
나를 티끌과 재 같게"(욥 30:19) 하셨다고 한다.
자존감이란 그에게는 사치다.
가장 비천한 자리에 처한 욥을 보게 된다.
예수께서는 이와 같은 고난을 받으시며
사람들에게 능욕을 당하셨고,
바울도 그리고 수많은 믿음의 선배들도
하나님의 일을 이루는 과정 속에서
어려움을 겪었음을 역사는 기록하고 있다.
일상생활 속에서 자존심 때문에 속상할 때가 얼마나 많은가?
우리는 욥이 당한 그런 모욕의 100분의 1 정도만 당하여도
상처를 입고 부당하다고 소리를 높일 것이다.

주님은 이런 능욕과 모멸을 통하여
욥의 자존감을 완전히 파괴하시고,
하나님 앞에 인정받는 또 다른 일꾼으로
새롭게 바라볼 수 있도록 그를 회복하셨다.
남의 말이나 행동으로 상처를 입을 때
욥이 당한 이 고난을 기억하자.
하나님이 나를 사람의 인정이 아니라
하나님의 인정을 받는 도구로 쓰시기 위함이라는 것을
기억하자.

2003년 11월, 묵상

◇◇◇◇◇

수요일 C&MA 얼라이언스 비디오팀을 만나기 전에
세브란스 병원에서 종합검진 결과를 들었다.
혈소판 수치가 10만이라야 할 때에 2만이니,
그날로 병원에 입원하라고 한다. 팀을 선교센터까지 안내,
모든 일정을 2시간 동안에 마치고 병원에 입원.
이때부터 이틀 동안 여러 가지 검사를 견디기가 어려웠다.
혈액암으로 추정된다고 한다. C&MA와 연락.
미국에서 치료를 받기로 결정했다. 여러 방문객들이 왔다.
기쁘게 맞을 수 있었다.

> 이날 곧 안식 후 첫날 저녁때에 제자들이 유대인들을
> 두려워하여 모인 곳의 문들을 닫았더니 예수께서 오사
> 가운데 서서 이르시되 너희에게 평강이 있을지어다
> 이 말씀을 하시고 손과 옆구리를 보이시니 제자들이
> 주를 보고 기뻐하더라 예수께서 또 이르시되 너희에게
> 평강이 있을지어다 아버지께서 나를 보내신 것같이
> 나도 너희를 보내노라 이 말씀을 하시고 그들을 향하사
> 숨을 내쉬며 이르시되 성령을 받으라 너희가 누구의

죄든지 사하면 사하여질 것이요 누구의 죄든지

그대로 두면 그대로 있으리라 하시니라(요 20:19~23).

안식 후 첫날, 제자들이 유대인들을 두려워하여 모인 곳에

예수께서 오사 평강을 빌어 주신다. 부활은 평안이다.

손과 옆구리를 보이시니 제자들이 기뻐한다.

부활은 기쁨이다.

제자들을 세상을 향해 보내신다. 부활에는 사명이 있다.

성령을 받으라 하신다. 사명이 있는 자에게 성령을 주신다.

그리고 죄 사함이 있다.

2003년 12월, 세브란스 병원

어제 한국에서 대한항공을 이용해 워싱턴으로 직행.

짐을 둘째 아들 집에 풀고 잠깐 쉬었다가 오후 3시에

조지타운 대학병원에서 담당 의사를 만났다.

서울에서의 자료를 확인한 후 급성 혈액암이라는

동일한 진단을 내렸으며

내일부터 치료에 들어가기로 하고 일단 귀가했다.

의사가 내린 자세한 병명은

다발성 골수종(Multiple Myeloma)으로 미국에서는

65세 이상의 사람들에게 평균으로 나타나는 질환으로

10만 명 중 4명꼴이라고 한다.

평균 43개월 동안 생명이 연장되거나 화학 치료에

반응치 않으면 19개월 남은 삶을 살게 된다고 한다.

이제 여러 가지 생각이 떠오른다.

4년 여를 생명 연장 받기 위하여 온갖 화학 치료와 고통을

겪어야 할지, 그러고 나면 그 삶은 하나님 앞에

어떤 가치가 있을지를.

주님은 이 위기의 때를 어떻게 넘기기를 바라실지.

나의 간절한 기대와 소망을 따라 아무 일에든지

부끄러워하지 아니하고 지금도 전과 같이

온전히 담대하여 살든지 죽든지

내 몸에서 그리스도가 존귀하게 되게 하려 하나니

이는 내게 사는 것이 그리스도니 죽는 것도 유익함이라

그러나 만일 육신으로 사는 이것이 내 일의 열매일진대

무엇을 택해야 할는지 나는 알지 못하노라(빌 1:20~22).

2003년 12월, 조지타운 대학병원

◇◇◇◇◇

모세가 하나님의 말씀을 가지고 바로에게 갔지만
강퍅한 바로는 그 말을 듣지 않는다.
나는 분명 하나님의 음성을 들었으나
상대방은 그 뜻을 부인하며 믿지 않을 때가 있다.
그럴 때, 그들에게 어떤 방법으로 다가가고
하나님의 뜻을 전해야 하는가.
하나님의 뜻이라고 밀어붙였다가 오히려 격한 거부 반응을
일으키거나 일이 더 어려워진다면 어떻게 할 것인가.
하나님께서 이스라엘 백성을 깨닫게 하시려고 바로를
강퍅하게 하신 것처럼, 하나님은 강퍅하게 할 자를
강퍅하게 하시고, 긍휼히 여길 자를 긍휼히 여기신다(롬 9:18).
내 주변에 부당하고 억울한 일과 핍박이 있더라도
이는 구원을 이루기 위한 하나님의 경영이요,
결국은 믿는 우리를 위한 하나님의 인도하심이다.
상대방을 강퍅하게 하거나 상황을 어렵게 하사
하나님이 자신의 능력과 구원을 나타내시고,
우리를 그 다음 단계로 성장시켜 가시는 것이다.
고난의 끝에서, 시험의 끝에서 우리를 기다리시는

주님을 바라봅니다.

이 눈을 항상 갖게 하소서.

육신에 매를 맞는 혹독한 환경이 오더라도

이를 허락하사 경영하시는

하나님의 섭리를 놓치지 말게 하소서.

2003년 12월, 출애굽기 5장 묵상

||||||||||

그(김사무엘)가 아파서 입원한 후에야 우리 가족은 가족 간의
소소한 삶의 사연과 기쁨을 나눌 수 있게 되었다. 아들들은
실로 오랜만에 아버지와 많은 대화를 나눌 수 있었다. 생각해
보니 평생 나눌 사랑의 대화를 조지타운 대학병원에 입원해
있던 그 짧은 시간에 모아서 나눈 것도 같았다.
사랑한다는 말도 그때 할 수 있었고, 그간 아들들에게 전해
주고 싶었던 진지한 믿음의 말들도 그때 할 수 있었다.
"내가 평생 주님을 위해 일하고, 사역지를 개척하느라 바쁘게
살았어. 하지만 이젠 병원에서 시간을 보낼 수 있게 돼서,
너무 감사하단다. 나는 여기서 창밖으로 사람들이 바쁘게
버스 정류장을 오가는 것을 보는 게 좋단다. 이건 말이야,
마치 번잡한 대도시로 가는 버스 안에 있다가 갑자기 버스가
좁은 시골길에 멈춰 서서는 엄마랑 나랑 우리 짐만 떨어뜨려
놓고 떠나 버린 것 같아. 내가 지금 내 삶을 돌아보니, 항상
바빴던 것 같구나. 특히 시부야 교회를 개척할 때가 기억에
남는구나. 특히 마지마 장로님께 내가 죄송했다고 전해 다오.
나는 그때 너무나 인정받고 사랑받고 싶었기 때문에,
나 자신을 증명해 보이기 위해 욕심껏 교회를 세우려고 했던

것 같다. 그냥 임무를 달성하는 사람이 아닌 진정한 목자가
되는 것에 대해서 말이야. 내가 시부야의 교인들을
더 많이 사랑했다면 좋았을 텐데…. 특히 사역에
헌신적이었던 사람들에게 지속적으로 규율을 강요했던 건
내가 잘못한 거다. 너무 일 중심적이었던 것 말이다."

 남편은 여러 교회를 개척하기 위해 너무 일 중심의 사역을
하지 않았는가에 대해 많은 반성을 했다. 남편은 아버지를
따라 이제 곧 목회를 시작한 막내아들에게 자신이 잘못했던
일들을 통해 교훈하고 싶었던 것 같았다.

"과거를 돌이켜 보면서, 내가 정말로 그들을 사랑한 게
아니었다는 걸, 진실로 그들을 받아들이지 못했던 때도
있었다는 걸 깨달았단다. 나 스스로에 대한 확신이 너무
없어서 스스로를 증명해 보이려고 그렇게 애를 쓴 거지.
그래서 네 엄마가 고생을 많이 했어. 네 엄마에게 너무나
감사한다. 30년 동안 너무나 고마웠어….

아들아! 너는 네 아이들과 아내를 많이 사랑해 주어야 한다.
후회를 남기지 말아야지. 그들과 시간을 함께 보내야 해.
네 아이들이, 이 아빠가 그랬던 것처럼, 주일을 외롭게 보내게
해서는 안 된다. 너도 이 아빠 때문에 너무 많이 힘들었잖니.
네 아이들을 안팎으로 사랑해 주어라.

만약에 하나님이 내게 여분의 삶을 주신다면,

나는 어떤 새로운 일도 시작하고 싶지 않단다.

그저 내 사랑하는 아들들, 손자들 그리고 동역자들을

격려하는 데 힘을 쓰고 싶다. 그 여분의 시간들을 다른

사람들을 충분히 사랑하고, 그들에게 용기를 주는 데

쓰고 싶단다. 나는 내 가족과 그들이 신앙의 꽃을 피우고,

날아다닐 수 있도록 돕는, 주님 꽃밭의 나비 같은 존재가

되고 싶구나.”

하나님을 알기 전 “백만장자가 되고 싶다, 난!”이라고

외쳤던 그가, 이제는 “주님 꽃밭의 나비가 되고 싶다”고

말하고 있었다. 하지만 그는 ‘백만장자’의 소원을 이룬

것이나 다름없었다. 이 세상 모든 만물의 주인이신 하나님을

아버지로 받아들이게 되었으니, 그분의 소유가 모두 그의

것이 아니고 누구의 것이겠는가? 이 엄청난 우주를 만들고

운영하신 분의 아들이 되었고, 그분의 귀한 유산을 모두

상속받게 된 것이다. 하늘 창고에 쌓아 둔 수많은 보화

때문에, 영혼은 늘 부자인 것처럼 여유가 있었다.

그것이면 족하지 않은가.

「왕의 초대」에서

그 사방 광채의 모양은 비 오는 날 구름에 있는
무지개 같으니 이는 여호와의 영광의 형상의 모양이라
내가 보고 엎드려 말씀하시는 이의 음성을 들으니라(겔
1:28).

에스겔 선지자가 성령의 인도하심으로 하나님의 형상을
보았을 때 그 영광의 모습이
비 오는 날 구름에 있는 무지개 같다고 기록하고 있다.
비에 햇빛이 반사되어 구름에 일곱 가지 색으로 아름답게
비친 무지개를 가리키면서 하나님께서는 노아에게 다시는
물로 사람을 망하지 않게 하신다고 약속하셨다(창 9:11~13).
이후로 두 번째 무지개가 성경에서 언급된 것이
에스겔서의 기록이다. 무지개가 하나님의 보좌를 둘러싼
장면이며, 이 광경은 다시 요한계시록 4장 3절에 반복된다.
이 무지개는 하나님의 약속을 받은 백성들에게
다시는 그들의 죄로 멸하지 않으시겠다는 은혜와 긍휼의
상징으로 주어진 표식이다.
1990년 11월 24일, 시부야 복음교회에서는 교회 묘지의

헌당식을 가졌다.

이 묘지를 생각할 때 제일 먼저 떠오르는 말씀이

"예수께서 이르시되 나는 부활이요 생명이니

나를 믿는 자는 죽어도 살겠고

무릇 살아서 나를 믿는 자는 영원히 죽지 아니하리니

이것을 네가 믿느냐"(요 11:25~26)고 하신 말씀이다.

비록 육신은 이 땅을 떠나지만 하나님의 약속을 받은 자들의

소망은 이 부활의 영광에 있기에,

이 약속을 상징하는 무지개를 묘지의 가장 중심 부분으로

세우기로 했다. 그리고 이 무지개 형상의 아치 위에 도쿄

시부야 복음교회라는 교회 이름을 조각하기로 했다.

이 교회를 통하여 구원을 받았기에

"나는 양의 문이라"(요 10:7)고 하신 주의 말씀대로,

주의 몸 된 교회를 통해 천국으로 들어가신 성도들을

기념하기 위한 문이었다. 그리고 아치의 바로 밑

강대상 위에 놓인 성경책을 대리석으로 조각했다.

그 조각에 한국어와 일본어로 "주께서 호령과 천사장의

소리와 하나님의 나팔 소리로 친히 하늘로부터 강림하시리니

그리스도 안에서 죽은 자들이 먼저 일어나고 그 후에

우리 살아남은 자들도 그들과 함께 구름 속으로 끌어올려

공중에서 주를 영접하게 하시리니
그리하여 우리가 항상 주와 함께 있으리라"(살전 4:16~17)는
말씀을 기록했다.

헌당식을 마치고 햇볕이 밝히 쪼이는 묘지를 올려다볼 때,
산 자와 죽은 자의 소망이신 주의 약속이
얼마나 우리 믿는 사람들에게 위로와 기쁨이 되는지를
새삼 가슴 뿌듯하게 느낄 수 있었다.
"주 예수여, 어서 오시옵소서!"

칼럼집 「살아계신 하나님」에서

2003년 10월 10일,
꿈에 그리던
이라크 한인연합교회
개척 예배 모습

시부야 교회 묘지
헌당식 때

이라크 재건을 돕던
서희부대 부대장과 함께

이라크의
어린아이와 함께

김사무엘(김충모) 선교사의 발자취
1941. 11. 20 ~ 2004. 2. 21

1966년 한국외국어대학교 영어과 졸업

1966~1969년 서울 소재 Cathay Pacific 근무

1969~1972년 Gateway Express Air Cargo 한국 매니저

1970년 1월 김영숙 선교사와 결혼

1972년 도미(渡美)

1972~1977년 Long Beach, Calif.에서 자영업

1981년 미국 La Mirada, Calif. 소재 Talbot Theological Seminary 졸업

1988년 미국 남가주 Fuller Seminary Th. M Course 재적

1982년 미국 Christian & Missionary Alliance 교단 목사로 안수

1983년 미국 C&MA 교단에서 일본 선교사로 파송, 도쿄에서
시부야 교회 개척

1986년 요시카와(古川) 복음교회 개척

1988년 이치카와(市川) 복음교회 개척

1989년 센겐다이 교회 개척

1990년 나리타(成田) 복음교회 개척

1990년 야치요(八千代) 복음교회 개척

1991년 기후(岐阜) 얼라이언스 교회 개척

1993~1995년 6월 중국 선교사로 언어 훈련과 교회 지도자 훈련

1995년 7월~1998년 온누리교회 선교목사로 시무

1999년 8월~2004년 The Christian & Missonary Alliance 선교부
한국책임자. BEE Asia Coordinator

2000년 3월~2001년 8월 오사카 온누리 그리스도교회 개척

2000~2003년 성결대학교 선교학 교수

2002~2004년 온누리교회 협력목사, 온누리 세계선교센터 원장

2002년 7월~2004년 BEE Korea 대표

2003년 햇불트리니티 신학교 선교학 강의

2003년 9월 18일 이라크 한인교회 개척 준비로 출국

2003년 10월 10일 이라크 한인연합교회 개척 예배

2004년 2월 21일 소천

2004년 5월 미국 나약대학교(NYACK College) 명예박사 학위 수여

김사무엘 선교사의
천국 환송 예배 모습

헌화하는 성도들

홍정길 목사의 설교

고 옥한흠 목사의 축도